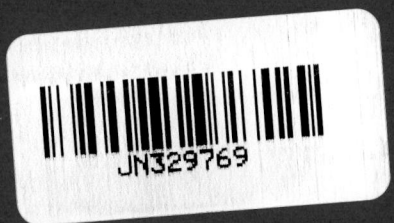

失敗から学ぶ［実務講座シリーズ］08

税理士が見つけた！

本当は怖い
会社設立
～
はじめての決算
失敗事例
55

東峰書房

［ はじめに ］

医療ドラマやコミックの主人公にはよく名外科医が登場します。そして名外科医の共通の背景は「オペの経験が多い」ということです。学歴より論文より「オペの数」こそが名医の証というのがドラマの前提です。

私たちは辻・本郷税理士法人会社設立センターとして年間数百の会社設立とその後の会計のお手伝いをさせていただいております。「オペの数」では相当な名医と自負しています。

ご依頼をくださるお客様はある分野の専門知識・ノウハウ、あるいは新しいアイデアやビジョンを持って起業されます。実業家として既に豊富なご経験、あるいは可能性をお持ちでも、会社設立や会計の細々とした手続きは苦手とおっしゃる方も多いです。そのあたりの一通りの知識は当然プロである税理士の方が豊富です。

しかし一方で税理士が教科書で学んだだけではわからないことがあります。それは「設立からはじめての決算でお客様が失敗するポイントはどこか？」ということです。これは単に税理士試験に合格しただけでは見当がつきません。

私たちは名外科医と同じく、年間数百の会社のスタートアップを支援していますので起業家の方々が失敗するポイントを経験的・統計的に把握しています。そしてその失敗のポイントから起業家の方々にとって必要な知識を解説したのが本書です。

税理士はプロですから税法の端々まで勉強する興味もモチベーションも持っています。しかも税法の根拠から順を追って教科書どおりに理解していきます。例えば「この税法はAだからB、Bなので実務の場面ではC、Dだと失敗するので要注意」というように。しかし起業家のみなさんにとって大事なのは実務の場面、もしかすると失敗例Dなのかもしれません。そこで思い切って税理士の学習プロセスとは逆さまの構成にしました。

失敗事例

▼

失敗のポイント（なぜ失敗したか）

▼

正しい対応（どうすればよかったか）

▼

税法等の解説

失敗の回避というはっきりとしたテーマを常に掲げることで、必要な知識を効率的に習得し、スタートアップの忙しい起業家の皆様に本業に集中していただく一助となればと思い編集しました。

辻・本郷 税理士法人

会社設立センター

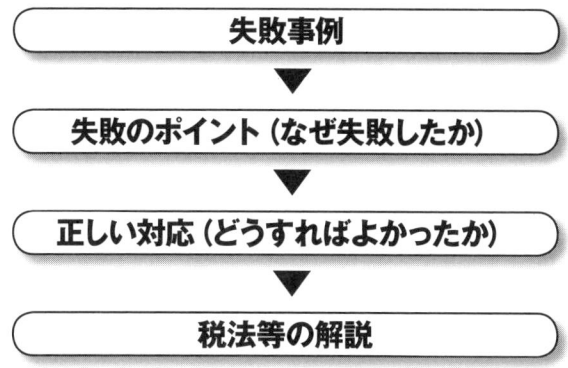

目次

税理士が見つけた！
本当は怖い会社設立～はじめての決算失敗事例55

※本文中とくに注釈がない箇所は基本的に「株式会社」を前提としております。

事例 01

会社といえば株式会社だと思っており、他の選択肢がなかった

妻と二人で、輸入雑貨販売の会社を立ち上げました。まずはネットショップで実績をつくりながら資金を貯め、将来的には小さな店を持ちたいと思っています。とはいえ、人を雇うような大きなビジネスを目指しているわけではありません。会社設立にも意外とお金がかかり、もう少し個人として事業をするなど、助走の期間が必要だったかなと不安になっています。

最近、「合同会社」というものがあると聞きました。私は会社といえば株式会社しかないと思っていたのですが、他の会社形態はどのようなメリットがあるのでしょうか。

失敗のポイント

株式会社以外の会社形態について知りませんでした。合同会社は2006年の会社法改正で新たに生まれた形態で、個人事業の法人化やスタートアップの企業に人気が出てきています。小規模な事業で、設立コストを抑えたい場合には、合同会社も選択肢の一つになるでしょう。

正しい対応

株式会社以外の会社形態についてもおさえておきましょう。現実的には株式会社か合同会社を選ぶことになります。合同会社は、株式会社と比べて設立コストが低い、決算公告の必要がなくランニングコストが安いなどメリットもありますが、デメリットもあります。これらを把握したうえで、ビジョンに合った形態を選んでください。

[解説]

会社法が定める４種類の会社とは

会社を設立するというと、株式会社のことがまっさきに思い浮かぶのではないでしょうか。

最も広く知られている会社といえばやはり株式会社で、数からいっても90％以上を占めます。

会社とは、一般に営利を目的として事業活動を行う法人をいいますが、正確には2006年5月から施行されている「会社法」に規定されています。会社法では、株式会社以外にも合名会社・合資会社・合同会社について定めています。

1．株式会社

出資者である株主に対して株式を発行することで設立される会社形態のことをいいます。出資者は出資した金額の範囲内において有限責任を負います。資本（出資者）と経営（社長）は分離しており、経営者が利益を出資者に分配するというスタイルになっています。ただし、中小企業の場合、株主と社長が同一であることがほとんどです。

2．合名会社

社員（＝出資者）が会社の債権者に対し直接連帯して責任を負う「無限責任社員」だけで構成される会社形態のことをいいます。以前は2名以上の無限責任社員が必要でしたが、会社法施行に伴い、1名のみの合名会社も認められるようになりました。

3.合資会社

「無限責任社員」と「直接有限責任社員」とで構成される会社形態です。直接有限責任社員は、出資金の範囲内で限定的に責任を負うのですが、会社債権者に対しては「直接責任を負う（無限で責任を負う）」こととなっています。

4.合同会社

「間接有限責任社員」のみで構成される会社形態をいいます。間接有限責任社員は、「出資額の範囲内においてのみ責任を負う」ということになっており、個人的に連帯保証人や担保提供者等になっていない限り、出資額以上の責任を負うことはありません。

選ぶなら株式会社か合同会社

合名会社・合資会社は、社員（＝出資者）が出資額の範囲を超えて責任を負うことになります。設立時の費用がおさえられたり、事務手続きが簡単だったり、決算公告の義務がなかったりするため毎年決算書を公表しなくていいなどのメリットはあるのですが、経営陣が直接リスクを負うこれらの形態をあえて選ぶ人は現在ほとんどいません。

一方、合同会社は株式会社と同じく「間接有限責任」、つまり出資者が出資した範囲内で限定的に責任を負うことになっており、この形態を選ぶ人はいます。

合同会社とは株式会社を小さくしたようなイメージで、小規模な事業をするのに向いています。設立コストがおさえられ、決算公告の義務がありません。

ですから、会社を設立して事業をはじめる際には、株式会社か合同会社のいずれかを選択することが多いのです。

合同会社のメリット・デメリット

まだそれほど認知度は高くありませんが、近年急増している合同会社のメリット・デメリットをまとめておきます。

＜メリット＞

・設立費用が安い

株式会社の登録免許税は15万円ですが、合同会社の場合は6万円です。合同会社は公証人による定款認証が必要ないので、その費用5万円も必要ありません。

・ランニングコストが安い

決算公告の義務がないため、官報掲載費約6万円がかかりません。また、役員の任期の制限がなく、役員の変更手続きも不要であるため、定款変更の費用がかかりません。

・経営の意思決定や利益配分の自由度が高い

株式会社であれば、基本的に配当金額や経営参加権は出資金額に比例します。合同会社の場合、経営の意思決定プロセス、利益配当は定款に定めることによって自由に決めることができます。

＜デメリット＞

・認知度が低い

合同会社という会社形態は2006年の会社法改正によって生まれた新しい形態なので、まだ認知度が低く、株式会社に比べると信用力が劣る場合があります。

・社員同士で意見の対立が起きると、意思決定がストップするおそれがあ

る

合同会社では出資者のことを社員と呼びます。社員と経営者は一致します。定款は社員全員の同意により決定し、業務遂行権も原則として社員全員に与えられていますので、対立が起きた場合には意思決定がストップしてしまう可能性があります。

なお、社員全員の同意があれば、株式会社に組織変更することも可能です。ですので、かけられる費用の少ない最初は合同会社を設立し、経営が軌道に乗ってきたら株式会社に組織変更するのも一つの手です。

事例 02

種類株式について知らなかった

リサイクルショップを開業しようと思っている者です。初期投資に1000万円近くかかるので、自己資金（400万円）ではまかなえず、親戚や知り合いに出資してほしいと声をかけました。数人が出資してくれることになり、そのうち一人の親戚が500万円の出資をすると言っています。「経営には口出ししないから安心して」と言うのですが、いつ気が変わるかわかりませんし、心配です。500万円の出資は、喉から手が出るほど欲しいのです。でも、断ろうと思います。

失敗のポイント

種類株式について知らなかったので、経営権確保のために出資を断ろうとしてしまいました。

正しい対応

「議決権制限株式」の発行を検討します。会社法改正により、中小企業にとって種類株式の活用方法が大幅に広がりました。使い分けたり組み合わせたりすることで、さまざまな経営上の効果を得ることができますので、知っておきましょう。

[解説]

株式が分散して、多くの人が株主になると、経営権が希薄化してしまいます。また、「株主総会における議決権」は株主の基本的な権利であり、普通株式には1株に1つずつ、平等に議決権が付されています。多くの株を持つほど、経営に口出しができるわけです。

そこで、経営の安定化をはかるために種類株式の発行を検討することになります。

種類株式とは、配当や議決権などの点で普通株式とは異なった定めをしている株式のことです。2006年の会社法改正で、「種類株式制度」の活用方法が広がりました。

現在発行可能な種類株式は次の9つです。

1.剰余金の配当に関する優先株式

会社が株主に配当する剰余金の金額や順位について、普通株式よりも優先権を持つ株式

2.残余財産の分配に関する優先株式

会社が清算したときに、残余財産の分配を受ける金額や順位について、普通株式よりも優先権を持つ株式

3.議決権制限株式

株主総会の全部または一部について、議決権を行使できない株式

4.譲渡制限株式

株式を譲渡する場合に、発行会社の承認を必要とする株式

5.取得請求権付株式

株主が発行会社に株式を買い取ることを請求できる株式

6.取得条項付株式

予め定めた一定の事由が生じた場合に、発行会社がその株式を強制的に取得することができる株式

7.全部取得条項付株式

2種類以上の株式を発行する会社が、株主総会の特別決議によって、その株式の全部を強制的に取得することができる株式

8.拒否権付株式（黄金株）

一定の事項について特定の株主に拒否権を付与する株式。この株主が同

意しない限り、その事項は決定することができないので「黄金株」と呼ばれ、会社を防衛するための切り札として使われることがある

9.選解任株式

取締役や監査役の選任・解任について議決権を有する株式

このうち、「議決権制限株式」を活用すれば、少ない自社株でも安定議決権を確保することができます。以前は、発行済株式総数の2分の1までという制限がありましたが、会社法改正によって無制限にこの「議決権制限株式」を発行できるようになりました。

今回のケースでは、この「議決権制限株式」を発行すれば、心配はなくなりそうです。

種類株式を発行するには、各種類株式の発行可能総数と内容について定款で定めます。「議決権制限株式」の場合、

・議決権を行使することができる事項

・議決権の行使の条件を定めるときはその条件

を定款に定めます。まったく議決権のない、いわゆる「無議決権株式」の発行も可能です。

[定款記載例]

> （A種類株式）
> 第○条　A種類株式を有する株主は、株主総会において決議すべきすべての議案につき、議決権を有しないものとする。

事例 03

法人設立前の売上を、第1期の売上に含めたい

フリーのデザイナーとして仕事をしていましたが、だいぶ売上も立つようになってきたので法人化することにしました。これを機に「デザインコンサルティング」という新たなメニューを作り、ホームページに掲載しました。

すると、早速発注があったため、売上が上がりました。ただ、法人の設立登記が予定より遅れてしまったため、まだ登記が完了していません。クライアントに対しては法人名を名乗って仕事をしていますし、わりと大きな金額をいただいています。この新メニューの売上は、法人の売上に含めたいのですが。

失敗のポイント

設立登記が遅れて、事業計画が狂ってしまったようです。個人事業から法人成りをする場合、売上・経費ともに設立前のものであれば個人事業の損益として計算する必要があります。

正しい対応

今回のケースでは、法人ではなく個人事業の売上となります。

法人成りをするときには、どのタイミングで設立登記をするかしっかり計画を立てましょう。

[解説]

会社設立前に売上が発生したり､経費が発生したりすることがあります。

・個人事業から法人成りする場合

会社設立前の売上は、原則として登記をする前の組織体、つまり個人に帰属することになっています。1日前だったとしても、会社設立前の売上・経費は個人事業の損益に含めなければなりません。

今回のケースは、個人事業から法人成りをしていますので、法人設立前に発生した売上は個人事業として計上しなければなりません。

設立時期や取引状況を十分考慮して、事業計画を立てる必要があります。

事例 **04**

会社設立前に支出したものは費用にならないと思い、領収書を捨ててしまった

家でデータ入力等ができる主婦を集めて、事務処理代行の会社を設立しました。この事業を説明するために開いたお茶会の費用やチラシ印刷代は、会社設立前に支払ったので経費にならないと思い、領収書を捨ててしまいました。

失敗のポイント

会社設立前の支出は、会社の費用にならないと思っていました。会社設立のための「創立費」、営業を開始するための「開業費」は会社設立前の費用でも第１期の費用に含めることができます（資産計上も可能）。

正しい対応

会社設立前の支出も、領収書を保管しておきましょう。設立後に1期目の費用として計上するか、資産計上して償却していくこともできます。

[解説]

会社設立前の経費は、大きく分けて会社を法律的に作るための「創立費」と、営業を開始するための「開業費」の2つが考えられます。

創立費…登録免許税、定款や諸規則作成費用、会社設立のための司法書士への報酬、株券印刷費用、金融機関の取扱い手数料、その他会社設立事務に要する費用

開業費…土地・建物の賃借料、広告宣伝費、関係者との飲食代など接待交際費、従業員への給料、準備のための交通費、印鑑代、名刺代など営業を開始するための費用

会社に資本金が払い込まれる前に発生したこれらの費用は、会社が支払うことができません。いったん個人で立て替えておき、「創立費」「開業費」といった資産に計上して償却することができます（事例53「開業費の節税メリットを生かしていない」参照）。

今回のケースで、説明会費用やチラシ印刷代は営業を開始するために支

払っていますので、開業準備費用にあたり、1期目の費用として計上できます。領収書はきちんと保管しておきましょう。

事例 05

公証役場へ行ったが、実印の登録をしていなかったので定款の認証を受けることができなかった

会社の定款を作り、認証を受けるために公証役場に行きました。発起人は自分一人です。印鑑は持って行ったのですが、実印の登録をしておらず、印鑑証明書がありませんので結局この日は認証を受けることができませんでした。出直しです。設立登記にも印鑑証明書が必要らしいので、急いで実印の登録をする必要がありそうです。

失敗のポイント

定款の認証に必要な書類等を把握していませんでした。印鑑証明書は、定款の認証と設立登記の際に必要になります。

正しい対応

印鑑の登録は役所でできます。少し時間がかかるので、登録をしていない人は早めに登録しておきましょう。その他、スムーズに会社設立をするために、流れをおさえておく必要があります。

[解説]

会社は、法務局に登録（登記）することで初めて「法人」として認められます。登記することで、会社名義で契約を結ぶことができたり、銀行口座を開設できたりするのです。

まずは会社設立の流れをおさえておきましょう。

[会社設立の流れ（株式会社のケース）]

1.会社の基本事項決定

事業の内容や商号、事業年度、役員など基本事項を決めます。

登記申請の際に必要なので、代表者の実印と、会社の印鑑を準備しておきましょう。

2.定款を作成

会社の目的や商号、本店の所在地、設立時の出資額など最も基本的な事柄を定めた「定款」を作成します。定款に定めたことは会社の決まりごととして法的な拘束力を持ちます。定款はいわば会社の憲法です。

3.定款の認証

作成した定款は、公証役場で正しく作成されていることを確認してもらう必要があります。定款の認証は、会社設立登記のために必要な手続きとなります(合同会社等の場合は、定款認証不要)。

4.登記書類の作成

会社の設立登記をするには、定款のほかに登記申請書や代表取締役の就任承諾書、印鑑届出書などいくつかの書類を作成・添付する必要があります。

5.設立登記の申請

法務局へ登記申請書を提出します。不備がなければ1週間程度で審査が完了し、無事に会社が成立したことになります。会社の創立記念日にあたる設立日は、登記を申請した日になります。

6.開業の届出等

会社を設立したことを税務署や年金事務所等に届け出ます。

登記が完了しないと「登記事項証明書」が取れないので、銀行で会社名義の口座を開設するのは登記が完了してからとなります。

設立登記を法務局に申請するまでの準備期間を2週間程度、申請後の諸手続きに1〜2週間と考えると、準備を始めてから開業までにかかる期間は3週間から1ヶ月となります。このくらいの期間を見ておけば、余裕を持って進めることができるでしょう。

定款の認証とは

会社の憲法、「定款」を作成したら、公証人に認証してもらいます。準備が整ったら、事前に予約をしたうえで、本店所在地と同一の都道府県内にある公証役場に行きます。原則は発起人全員で行くのですが、行けない人がいる場合には「委任状」を作成して、持参します。

公証役場へ持参するものは次のとおりです。

・押印済みの定款3通
・発起人全員の印鑑証明書
・発起人全員の実印
・4万円分の収入印紙
・公証人手数料5万円と謄本の交付手数料約2千円(現金)
・委任状(行けない発起人がいる場合)

定款が受理されると、1通が原本となって公証役場に保管されます。この1通に収入印紙を貼り、実印で消印をします。

よほどの欠陥でなければその場で訂正をさせてもらえますが、事前に定款をファックスで送ってチェックをしてくれるところもありますので、チェックしてもらっておくとスムーズです。

また、発起人が人違いでなく、定款に記載された住所・氏名・押印の正確性を確認するため、発起人全員の印鑑証明書が必要です。印鑑証明書は、役所で印鑑を登録してから取得できるようになります。定款認証の後、設立登記の際にも必要になりますので、2通（発起人かつ取締役に就任する場合）取得しておきましょう。

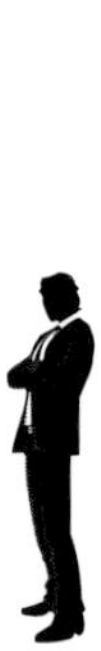

事例 06

資本金1円で会社を設立する

サラリーマンから独立し、株式会社を設立して事業をはじめたいと思っています。資金はあまりありませんが、いまは資本金１円でも会社を作ることができるそうです。どうせなら資本金１円で会社を作り、運転資金として必要な分は金融機関から借りようかと思います。

失敗のポイント

あまりよく考えずに、資本金１円で会社設立をしようとしています。資本金が１円では融資を受けるのも難しいでしょう。

正しい対応

1円でも会社設立は可能ですが、現実的には運転資金・融資・対外的な信用などの面から併せて考え、資本金額を決定する必要があります。

［解説］

2006年の新会社法の一番の目玉は、最低資本金額の規制がなくなったことです。それまでは1,000万円の資本金が必要でしたが、資本金1円でも株式会社を設立することができるようになりました。それで､「1円起業」という言葉がよく聞かれるようになりました。しかし、現実問題としては1円では起業できません。会社設立のためにも30万円程度の費用がかかりますし、事業を行っていくには運転資金が必要です。

資本金は、事業を運営していくのに大事な元手となります。通常、会社を設立してすぐに取引先から入金が十分にあるということはありません。資本金が1円しかなければ、取引先から入金があるまで、必要なものを買うことができなくなってしまいます。

今回のケースでは､運転資金は借り入れを起こして…と考えていますが、資本金が1円では融資を受けるのも難しいです。借り入れを申し込んだ場合、融資担当者は資本金を見ます。既存の会社の場合は、金融機関は直近3期分の決算書から、会社の安全性をチェックします。創業融資の場合は、まだ決算書がないので、どれだけ自己資金を用意したかが安全性を見る指標になるのです。なお、日本政策金融公庫の「新創業融資」は、自己資金の2倍が融資の限度額となっています。

事例 07

資本金1,000万円での会社設立にこだわる

50歳での起業です。会社設立にあたり、やはり資本金は最低でも1,000万円と考えていたので、東奔西走し、個人でやや高利な借り入れもして何とか1,000万円にこぎつけました。

専門家に会社設立を依頼したところ「そこまで1,000万円にこだわる必要があるんですか? デメリットもありますよ」と言われてしまいました。デメリットは考えていませんでした。

失敗のポイント

会社法改正前の「資本金1,000万円」にこだわってしまいました。自己資金で用意できているわけでもありませんので、そのデメリットも考えるべきでした。今回のケースでは資本金を集めるために借りた金利や、設立初年度から消費税が課税されることなどがデメリットになります。

正しい対応

新会社法では最低資本金額の規制がなくなっています。新会社法のメリットを活かし、事業計画に合った選択をする必要があります。資本金額の決め方について、考えるべき点をおさえておきましょう。

[解説]

かつては、有限会社は300万円、株式会社は1,000万円以上の資本金が必要でした。しかし、新会社法ではこの最低資本金額の規制がなくなり、1円でも会社を設立することができるようになりました（有限会社法は廃止され、新たな有限会社の設立はできなくなりました）。

ただし、「事例6　資本金1円で会社を設立する」のように、現実には1円で会社を運営していくことはできませんので、元手として必要な金額等を考えて金額を決定することになります。

[資本金の額を決めるには]

・開業資金と運転資金から考える

開業に必要な設備投資や家賃、仕入れ代金などの運転資金を計算し、事業が軌道に乗るまでどの程度の資金が必要かを考えます。業種にもよりますが、1つの目安は開業資金＋設立時から3～6ヶ月程度の運転資金を資本金とすることです。

・借り入れの面から考える

創業融資を受ける場合は、一般的に資本金の額で融資の限度額が決まりますので、資本金が多いほうが多く融資を受けられる可能性があります。

・税金の面から考える

資本金が1,000万円未満の会社は、設立後2年間は消費税が免除されます。(消費税法の改正により、資本金1,000万円未満の会社でも特定期間の課税売上高、または給与等支払額の判定により、設立後2年以内に課税事業者になる可能性もあります事例19「繁忙期と決算期が重なってしまった」参照)。

資本金がちょうど1,000万円の場合はこれに該当せず、初年度から消費税を納めなくてはなりません。

また、会社の利益に関係なく毎年納めなくてはならない税金に「法人住民税の均等割」がありますが、この税金は資本金と従業員数によって金額が変わります。たとえば、東京都の場合、従業員が50人以下で資本金が1,000万円以下の場合は7万円ですが、1,000万円を超えると18万円になります。

さらに、資本金が1億円を超えると、外形標準課税が適用されて、赤字でも事業税が発生する、交際費が経費として認められないなど、中小企業向けの恩恵が受けられなくなります。

・許認可の面から考える

許認可が必要な事業を行う場合は、人材派遣業なら2,000万円以上、一般建設業なら500万円以上というように資本金の額に条件がついている場合がありますので、確認しておきましょう。

・信用面から考える

資本金は、会社の規模や信用力を見る指標の一つです。取引先が、資本金を一つの指標として重視することが考えられる場合は、多めに用意したほうがいいかもしれません。

これらの面から考えて、事業計画にあった資本金を決定しましょう。

事例 08

資本金を親から借りたが、借用書はとくに作っていない

会社を設立するにあたり、資本金500万円を両親から借りました。事業が軌道に乗ったら、少しずつ返済していくつもりです。身内からの個人的な借金なので、借用書のようなものはとくに作っていません。

失敗のポイント

個人的に借り入れをすること自体は問題ありませんが、第三者からの借り入れと同じように借用書（または金銭消費貸借契約書）を作成すべきです。借用書がないと贈与とみなされるおそれがあります。

正しい対応

借用書を作成し、定期的に返済をします。そのほかにも、両親からの資金援助を受ける際の方法を確認しておきましょう。

[解説]

起業に際して両親から援助を受ける場合、次のような方法が考えられます。

1.個人的に資金の贈与を受ける

両親から贈与を受けた場合は、贈与を受けた起業家個人として贈与税の申告・納税が必要になります。ただし、年間110万円までの贈与であれば、贈与税は発生しません。

2.個人的に資金の貸与を受ける

両親から起業家個人として資金を借ります。借りたときに税金は発生しませんが、借りたという証拠がないと贈与だとみなされ、贈与税が発生するおそれがあります。借用書を作成する必要があります。

3.会社に出資してもらう

会社の株主になってもらう方法です。資金的な余裕ができたら、両親から株を買い取ることで出資関係を解消することもできます。

4.会社に融資してもらう

会社として両親に資金を借りる方法です。会社が返済をしていくことになります。2と同様に借用書が必要です。

今回のケースは、「2.個人的に資金の貸与を受ける」に該当しています。贈与とみなされないために、借用書を作成しましょう。借用書には、借入金額・利息・返済期間等の借り入れ条件を明記してください。

[借用書サンプル]

収入印紙

金銭借用書

貸主　　　　　　　　　　　　　　　殿

貸主住所

金五百万円也

1. 私は貴殿より平成○年○月○日、上記の金額を借り受けました。
2. 利息は元金に対し年○%とします。
3. 返済は、平成○○年○月○日を第1回とし、平成○○年○月○○日まで毎月25日に元金均等払いにより返済します。ただし、繰上返済可能とします。
4. 返済は貴殿の指定する銀行口座に振込にて支払います。

平成○年○月○日

借主

(住所)

(氏名)　　　　　　　　　　印

事例 09

事業開始後、資金が不足したら融資を受けようと考えている

カフェを開業した者です。当初は、創業の融資を受けようと考えており、日本政策金融公庫を使おうと思っていました。小さな会社でも借りやすいと聞いたからです。しかし、設備投資分はギリギリですが自己資金でまかなえたので、借り入れをするのはやめました。事業を行っていく中で、資金が不足したときはお世話になろうと思っています。

失敗のポイント

自己資金ギリギリで事業を開始し、足りなくなったら借りようと安易に考えているようです。日本政策金融公庫の融資制度は創業時にとても利用しやすい制度ですが、期中に不足した運転資金を借りるとなると、難しい場合があります。

正しい対応

事業をはじめたばかりなら、創業融資を受けられる可能性があります。資金計画を立て、検討してみてください。また、日本政策金融公庫以外にも、融資制度を持っている機関の特徴をおさえておきましょう。

[解説]

民間の金融機関の融資

「融資」といって多くの人が最初に思い浮かぶのは、民間の金融機関ではないでしょうか。都市銀行は融資制度の種類も豊富で、民間の金融機関の中で利率が低めであることが多いです。そのほか、民間の金融機関の融資の特徴は次のとおりです。

都市銀行	基本的に、大企業向け。 技術力や営業力よりも財務内容を厳しくチェックされる。 融資の審査は迅速で、回答は数日以内、実行まで1週間程度。 金利も安め。
地方銀行	メインターゲットは地元の大企業や、比較的規模の大きい中小企業。 融資担当者との信頼関係が重要。
信用金庫	小さな会社でもそれほど敷居が高くない。 融資担当者との信頼関係が重要。地域への貢献度や、自社の将来性をアピールするとよい。
ノンバンク	審査が早く、短期間で借り入れできるが金利が高い。 必要書類が少なく、審査基準はそれほど厳しくない。 簡単に借りられる反面、金利が高く、返済額が大きくなる可能性があるので、事前に返済計画を検討しておいたほうがよい。

創業時に最も利用しやすい、日本政策金融公庫と地方自治体の制度融資

今回のケースに出てきた「日本政策金融公庫」とは、株式の100%を政府が出資している政府系の金融機関のことです。個人事業者に対する小口の事業資金の融資、創業支援などを行っており、とくに開業資金などを民間の金融機関から借りるのが困難な場合、強い味方となります。

たとえば、「新創業融資制度」は、これから事業をはじめる会社または事業をはじめて間もない（税務申告を2期終えていない）会社が無担保・無保証で融資を受けられる制度です。不動産などの担保を持たない個人や中小企業が最も借りやすい制度です。ただし、金利は高めに設定されていること、返済期間が最長でも7年と短いことなどのデメリットもあります。

担保の差し入れ・保証人のあてがあり、今後事業の拡大が見込まれる場合は、金利が安い「新規開業資金」という融資があります。

いずれにしても、開業時は融資を受けるチャンスです。ギリギリの自己資金で運営し、足りなくなったら借りるというのは危険かもしれません。

融資を受けるためには書類を準備したり審査があったりと時間がかかりますし、実績のない間は、開業時より借りにくくなるのが通常です。

なお、地方自治体の「制度融資」を利用して、銀行から借りる方法もあります。制度融資とは、地方自治体と信用保証協会、銀行など金融機関の三者が協力して資金を貸し出す制度のことです。財務基盤が弱い、実績が乏しいという理由で、通常の融資が通りにくい場合も、この仕組みを使って借りることができる場合があります。日本政策金融公庫よりは少し審査が厳しい面もありますが、自治体によって金利の優遇措置を設けているなどメリットがありますので、検討してみましょう。

地方自治体の融資制度は、条件や限度額などが各都道府県や市町村によって異なります。会社の所在地である地方自治体や保証協会のサイト・窓口で確認してください。

事例 10

安価なものを現物出資しようとした

資本金100万円で、会社を設立しようとしています。資本金は、金銭以外でも出資できると聞きました。少しでも資本金額を増やせたほうがいいかと思い、いま個人的に使用しているパソコンのほか、事務用椅子と、百科事典や専門書（購入価格数千円程度）などの書籍数十冊を出資しようとしました。ところが、税理士に相談したら「あまり安価なものを出資しても、ほとんどメリットはないですよ」と言われてしまいました。

失敗のポイント

資本金を補充するため、書籍等の安価なものを現物出資しようとしました。現物出資も可能ですが、その資産額は適正に評価をする必要があるため、手間はかかります。それでも現物出資したほうがいいのかどうか、検討する必要がありそうです。

正しい対応

現物出資は手持ちの資産を利用できるメリットがありますが、適正な評価をしないと、会社に損害を与えることがありますので要注意です。ここでは、現物出資の際のポイントをおさえておきましょう。

[解説]

資本金は、不動産や自動車、パソコン、有価証券など、現金以外の資産でも出資することが可能です。現金以外の資産で出資することを「現物出資」といいます。現金での出資のほうがわかりやすく手間もかからないのですが、現物出資は手持ちの資産を利用できるメリットがあります。

現物出資をする際にポイントとなるのは、出資するものの評価額です。適正に評価をしないと、他の株主との間に不公平が生じたり、会社に損害を与えたりするおそれがあります。そこで、現物出資の客観的な評価を行うために、裁判所で選任された検査役の調査が必要とされています。しかし、裁判所で検査役の選任手続きを経て、検査役の調査をしてもらうにはそれなりの費用と日数がかかってしまいます。

次のいずれかの条件を満たせば、検査役の調査が不要とされるため、現物出資はこの範囲にとどめておくのがいいでしょう。

検査役の調査が不要な現物出資

- 現物出資財産額が500万円以下の場合
- 市場価格のある有価証券であり、定款に定めた価額が市場価格を超えない場合
- 現物出資の価格について弁護士、公認会計士、税理士などの証明を受けた場合（不動産については不動産鑑定士の鑑定評価も必要）

今回のケースでは、事務用椅子と書籍を現物出資しようとしています。

これらは現物出資可能でしょうか？

現物出資は、貸借対照表上、資産として計上できるもので、特定して譲渡可能なものであれば可能です。ですから、椅子や書籍も現物出資することはできます。ただし、個別に資産額を適正評価する必要があり、購入価格ではなく現在の時価で評価しなくてはなりません。

パソコンや車を現物出資するケースはありますが、書籍等の安価なものを出資するのは、手間がかかるわりにはあまり効果がありません。最低資本金制度が撤廃された今、あえて手間のかかる現物出資で資本金を補充する意味は少ないでしょう。

事例 11

取締役会を設置しなければならないと思っていた

会社を設立するにあたり、知人や親戚に声をかけ、４人の人が出資してくれることになりました。出資者の一人は「ちゃんと株主総会をやるように」と言っています。

株主総会をやるのと同様、取締役会を設置しなければならないと思っていたので、自分以外に取締役になれる人を探していますが、なかなか見つかりません。取締役会を置くには、３人以上の取締役が必要とのことです。自分以外に２人見つけなければならず、難航しています。

失敗のポイント

取締役会を必ず設置しなければならないと思っていました。新会社法施行以前は取締役会と監査役が必須でしたが、現在は取締役１人で会社を設立することができます。

正しい対応

特に株主が多く、その権利を守らなければならなかったり、近い将来上場を考えていたりするといった事情があるのでない限り、あえて取締役会を設置する必要はありません。ここでは取締役会を設置した場合のルール等をおさえておきましょう。

[解説]

会社を設立するにあたっては、取締役が必要です。

取締役とは、株主から会社の運営や経営を任された人のことで、業務を実行します。「取締役会」を設置するときは、取締役が3名以上必要です。新会社法施行以前は、取締役会と監査役が必要でした。現在は、「株主総会と取締役1人」は必須ですが、それに加えてどのような機関を置くかは定款に定めることにより、会社が自由に決めることができます。

取締役会を設置すると、会社の業務については取締役会という会議で決定し、それを代表取締役またはその業務について執行の委任を受けた取締役(業務執行取締役)が実行していくことになります。

取締役会が設置されていない会社では、株主総会で決議できる事項に制限がありません。これに対し、取締役会設置会社では、株主総会で決議できるのは取締役の選任など重要な事項に限られ、あらかじめ取締役会が決定し、招集通知に記載した議題以外について決議することはできません。こういった厳格なルールは、多数の株主の存在を想定しているものです。ですので、特に株主が多い場合や近い将来上場を考えているといった事情がない限り、一般の中小企業ではあえて取締役会を設置する意味はありません。

取締役会を設置すると、役員を引き受けてくれる一定の人員を確保しなければならず、役員報酬などコストもかかります。

なお、監査役は、取締役の業務を監督し、会計の監査をする役割を持っています。監査役を置くかどうかは自由に決められますが、取締役会設置会社は必ず監査役も置かなければなりません。

	取締役会を設置していない会社	取締役会を設置している会社
取締役の人数	1名以上	代表取締役・業務執行取締役
業務の執行をする人	各取締役(定款で代表取締役が業務執行する旨を定めることはできる)	代表取締役・業務執行取締役
代表取締役	取締役全員に代表権がある	取締役会で1名以上選ぶ必要がある
株主総会	株主総会は決定事項のほか、会社の運営など一切の事項について決議することができる	株主総会は決定事項のほか、定款で定めた事項のみ決議することができる
監査役の有無	設置は自由	必ず設置

事例 12

過去に自己破産したことのある人の会社設立

数年前に会社を経営していましたが、倒産させてしまい、自己破産の手続きをとりました。また新たに会社を設立して、事業に再チャレンジするつもりです。ただ、自己破産者は取締役になることができないので、代わりになってくれる人を探そうと思っています。

失敗のポイント

自己破産者は取締役になることができないと思っていました。新会社法施行前は、自己破産の手続き開始後、復権するまでの人は取締役になることができませんでしたが、今は可能です。

正しい対応

過去に自己破産した人も、取締役になることができます。ただし、業種によっては許認可の取得ができない場合があるので確認してください。

また、「代わりになってくれる人」とありますが、役員に就任すると、役員としての法的責任が生じますので、後々トラブルにならないよう注意しましょう。

[解説]

以前は、自己破産をした人は、その手続きを開始してから免責の決定を受け復権するまでは取締役になれませんでした。

中小企業では経営者が会社の債務を個人保証していることが多く、会社が破産すると結果として経営者も自己破産するケースが多く見受けられました。経営者が自己破産したことを理由に、再度市場に参入することができないとなると、経済の活性化にブレーキをかけてしまうおそれがあります。そこで、新会社法ではこの欠格事由がなくなり、復権を得ていない人も取締役になることができるようになりました。かつて事業に失敗した人も、起業して再チャレンジできるようになったわけです。

ただし、会社法上は取締役になることが可能でも、各業種法上、許認可が取得できない場合があります。たとえば、建設業は、破産後復権を得ていない人は欠格要件に該当し、許可を取得することができません。会社を設立しても、営業ができなければ意味がないので、許認可が必要な業種の場合は事前によく確認しましょう。

なお、取締役が任期中に自己破産した場合は、民法の規定により委任関係が終了し、自動的に退任することになります。しかし、すぐに株主総会を開催して、再度取締役に選任することができます。

ただし、退任・再任のいずれも登記が必要です。

取締役になることができない人

- 法人（株式会社含む）
- 成年被後見人または被保佐人
- 会社法、証券取引法、破産法、民事再生法など会社関係の法律に違反し、刑の執行が終わるまで、またはその執行を受けることがなくなった日から2年を経過していない人
- 上記以外の法令の規定に違反し、禁固以上の刑に処せられ、その執行を終えていない人、またはその執行を受けることがなくなるまでの人（執行猶予中の人は除く）

事例 13

創業メンバーが均等に出資をする

友人４人で会社を作ることにしました。４人全員が取締役で、共同経営者です。株も４人で同数ずつ持ち合おうと話しています。このメンバー以外に出資者はいませんし、従業員もいません。学生時代からの付き合いで、お互いのことをよくわかっており、絶対にうまくいく気がしています。

でも、周囲にこの話をすると「やめたほうがいい」と言われます。何かデメリットがあるのでしょうか。

失敗のポイント

友人と同額ずつ出資をして、会社を設立しようとしました。必ずしも失敗ではありませんが、将来のリスクについて理解したうえで検討しましょう。

正しい対応

複数人で出資して会社を設立するときは、少なくとも1人が持ち株比率の過半数を超えるようにしたいところです。

また、取締役の数は少なめに絞ったほうが、スムーズに経営を進めることができます。

[解説]

友人と一緒に会社を設立するというのはよくある話です。それぞれの強みを活かしながら、負担を分担して運営していけるというのはメリットでしょう。ただし、共同経営には難しい面もあります。誰もが主導権を取れず、責任を負わず、依存し合ってしまってうまくいかないという話は多く聞きます。また、今はよくても、会社を運営していく中ではお互いの方針や理念が変わっていくこともあります。

特に、メンバー全員で均等に出資をしたけれど、しばらくして経営についての意見が合わなくなった場合は大変です。株式会社では出資した額に応じて権限が強くなります。それぞれの権限が均等なら、たとえば、2対2で対立した場合、何も決定することができなくなってしまいます。役員の選任、解任、報酬の決定などを行うには、過半数の同意が必要ですから、対立したままこう着してしまうかもしれません。できるかぎり株式は「特定の方」に集中させましょう。

友人2人で会社を設立するときに、半分ずつ資本を出しあうケースもよくありますが、意見が対立したときには何も決定することができなくなってしまうので、どちらかが過半数を押さえるようにしたほうがいいでしょう。

また、今回のケースはメンバー全員が取締役とのことです。株主と違って、取締役は比較的簡単に代えることができますが、最初のうちはできるだけ数を絞り、その他の人は従業員となったほうがスムーズに経営を進めていくことができます。

取締役は経営者なので、労働基準法等の保護の対象にならず、失業保険もありません。労働者を雇ったときにもらえる助成金は、取締役は対象外です。また、取締役に賞与を支払っても原則経費にすることができません。こういったリスク・コストを考え合わせたうえで、慎重に検討してください。

事例 14

株券を発行しなければならないと思っていた

社会福祉系の会社を設立するにあたり、両親と叔父が出資してくれることになりました。とてもありがたく、早く事業を成功させてお返ししたい気持ちでいっぱいです。

先日、叔父が「株券は？」と聞いてきたので焦っています。株券を発行することを忘れていました。どのように作ったらいいのでしょうか。

失敗のポイント

株券は発行するものだと思っていました。以前は、株券は発行するのが原則でしたが、新会社法施行に伴い、株券不発行が原則となりました。

正しい対応

株券を発行したい場合は、定款に株券を発行する旨を定めれば発行できます。しかし、株券発行のデメリットを考えると、原則通り株券を発行せずに株主名簿で管理をするのがいいでしょう。

[解説]

旧商法では、原則としてすべての株式会社は株券を発行しなければならないとされていました。株券を発行しない会社は定款に株券不発行の旨を定める必要があったのです。しかし実際には上場会社を除いて株券を発行する会社は少なく、株券の管理や紛失等のリスク、流通、株券の発行のコスト等の問題があったため、2006年の新会社法施行に伴って株券を発行しないほうが原則となりました。新会社法施行後に設立される株式会社においては、定款に株券を発行する旨の定めをしない限り、株券を発行する必要はありません。

株券を発行したい場合は、定款に株券を発行する旨を定めます。株券を発行する会社を「株券発行会社」といい、株式発行会社の場合、株式を譲渡するときには株券の引き渡しが必要となります。株式譲渡制限会社（すべての株式に譲渡制限を付けている会社のこと事例2「種類株式について知らなかった」参照）では、株券を発行する旨を定めていても、株主から請求されるまで、株券を発行しなくてもよいことになっています。

株券を作るには、証券印刷会社に委託するか、市販の株券用紙に株数等必要事項を記載します。

株券を発行しない場合は、株主名簿によって株主を管理します。株券不発行会社においては、株主はその株主たる地位を証明できるのは原則として株主名簿によってのみとなるので、株主名簿を紛失してしまうと、立証は困難です。

ただ、今回のケースのように、株主が親族である場合は地位の証明が問題になるようなことはないでしょう。株券発行のデメリット（管理・紛失等のリスクや発行のコスト等）を考えると、現在の原則通り、株券は発行せずに株主名簿によって管理することがいいと思われます。

なお、既存の株券発行会社が株券不発行会社に移行するためには、定款に株券を発行しない旨の定めを置く必要があります。

事例 15

許認可の要件を満たしていなかったため、営業が始められない

介護タクシー事業を始めようと思い、そのための会社を設立しました。介護タクシーは個人でもできるのですが、介護保険が適用できるようにするには、法人である必要があるからです。

会社設立後に、事業を始めるための許可申請が必要なことを知りました。許可をもらうには、二種免許とヘルパーの資格が必要とのことです。二種免許のほうは問題ありませんが、ヘルパー資格を持っていませんでした。資格を取得するため急いで勉強し、頑張って４ヶ月ちょっとで取得しました。しかし、介護タクシーの許可申請を出してから許可がおりるまで２ヶ月ほどはかかるそうです。会社を設立してからだいぶ時間が経ってしまいました。

失敗のポイント

行いたい事業の許認可要件について把握していませんでした。事業の内容によっては、会社を設立しても、許認可を取得しなければ営業できないものがあります。今回のケースでは、介護タクシー事業を始めるための資格が不足していたため、会社設立後、営業を開始するまでに時間がかかってしまいました。

正しい対応

行いたい事業は許可が必要なものであるのか事前に調べ、必要な場合はその期間や要件を把握したうえで進めましょう。

今回のケースでは、会社設立後、都道府県へ介護指定申請、運輸支局へ介護タクシー申請書類一式を提出し、法令試験を受けます。そのほか運賃の届出や車輌の登録等も必要になります。

［解説］

事業の内容によっては、行政庁の許可、認可を受けなければならないもの、届出をしなければならないものがあります。適正な手続きをしておかないと、刑事罰を受けたり、営業停止などの処分を受けたりするので十分注意しなければなりません。

許認可申請は取得するまでに時間がかかるものが多くあります。会社設立の準備が整っていても、許認可を取得できなければ営業を始めることができませんので、早めに要件を確認して申請をすることが重要です。

許認可が必要となる主な事業

業種	許可・届出	許認可権者
飲食店	食品営業許可	保健所
ホテル・旅館	旅館業営業許可	保健所
美容院	美容所開設届出	保健所
理髪店	理容所開設届出	保健所
クリーニング店	クリーニング所開設届出	保健所
介護事業	介護事業指定	都道府県知事
産業廃棄物処理業	産業廃棄物収集運搬業許可	都道府県知事
	産業廃棄物処分業許可	
貸金業	貸金業登録	財務局長又は都道府県知事
中古品販売	古物商許可	公安委員会
風俗営業	風俗営業許可	公安委員会
警備業	警備業認定	公安委員会
探偵業	探偵業の届出	公安委員会
不動産業	宅地建物取引業免許	国土交通大臣又は都道府県知事
建設業	建設業許可	国土交通大臣又は都道府県知事
旅行業	旅行業登録	国土交通大臣又は都道府県知事
旅行代理業	旅行業者代理業登録	都道府県知事
タクシー業	一般乗用旅客自動車運送事業許可	国土交通大臣
トラック運送業	一般貨物自動車運送事業経営許可	運輸局長
軽トラック運送業	貨物軽自動車運送事業経営届出	運輸局長
自動車分解整備業	自動車分解整備事業認証	運輸局長
人材派遣業	一般労働者派遣事業許可	厚生労働大臣
	特定労働者派遣事業届出	
酒の販売	酒類販売業免許	税務署長
倉庫業	倉庫業登録	国土交通大臣
たばこの販売	製造たばこの小売販売業許可	財務局長

*このほかにも許認可が必要な事業があります。必ず事前に確認してください。

事例 16

会社設立の届出をしていない

半年前に株式会社の設立登記をすませ、事業を行っています。自分一人では手が回らなくなってきたので、人を雇うことを検討しているところです。人を雇う場合は、労働保険や社会保険の手続きが必要になり、何か届出をしなければならないと思うのですが、これまで登記以外にはとくに届出を行っていません。

失敗のポイント

会社設立後半年経っていますが、税務関係の届出をしていませんでした。会社設立は登記をして終わりではなく、いくつか必ず提出しなくてはならない書類があります。

正しい対応

会社設立後２ヶ月以内に「法人設立届出書」を税務署に提出する必要があるほか、期限が定められているものがあるので、早めに準備しましょう。ここでは主に、税務関係の届出をおさえておきます。

[解説]

会社を設立したら、税務署などにいくつかの届出書類を提出する必要があります。業種によって保健所や警察署に特定の届出を提出しなくてはなりませんが、すべての事業に共通しているのは、税務関係の届出です。

税務署に提出すべき書類には、以下のようなものがあります。

・法人設立届出書
・青色申告の承認申請書
・給与支払事務所等の開設届出書（任意）
・源泉所得税の納期の特例の承認に関する申請書（任意）
・棚卸資産の評価方法の届出書（任意）
・減価償却資産の償却方法の届出書（任意）

法人設立届出書は設立から2ヶ月以内、青色申告の承認申請書は3ヶ月以内等、提出期限が定められているものもありますので、早めに準備しましょう。これらの用紙を手に入れるのは、近くの税務署に行くか（会社設立の届出書類がセットになったものが用意されています）、国税庁のホームページからダウンロードします。

税務署に提出する書類は、国税に関するものですが、会社を設立したら国税のほか地方税も支払うことになります。

地方税に関する届出は、会社の本店が所在する道府県税事務所と市区町村の役所に提出します。書類の形式は各都道府県、市区町村によって異なりますが、内容は税務署に届け出た設立届出書の内容とほぼ同じです。

そのほか、会社設立時に１人でも従業員を雇う場合、労働保険加入の手続きが必要です。社会保険（健康保険、介護保険、厚生年金保険）の加入手続きが必要な場合は、年金事務所で行います。

各種書類の提出先と提出期限

提出先	提出書類	添付書類	提出期限
税務署	法人設立届出書	・定款のコピー ・設立時の貸借対照表 ・株主名簿 ・登記事項証明書	2ヶ月以内
	青色申告の承認申請書	なし	3ヶ月以内
	給与支払事務所等の開設届出書	なし	給与支払事務所開設日から1ヶ月以内
	源泉所得税の納期の特例の承認に関する申請書	なし	従業員10人未満の場合、適用を受けようとする月の前月まで
	棚卸資産の評価方法の届出書	なし	設立第1期の確定申告書の提出期限まで。法定による場合は提出不要
	減価償却資産の償却方法の届出書	なし	
都道府県税事務所	法人設立届出書	・定款のコピー ・登記事項証明書	都道府県によって異なる
市区町村の役所（東京23区はなし）	法人設立届出書	・定款のコピー ・登記事項証明書	市町村によって異なる

事例 17

3ヶ月以上前に取得した印鑑証明書が使えなかった

友人と３人で会社を設立します。私が代表です。定款の認証に行ったあと、会社の登記申請に行くまでに少し時間があいてしまいました。

登記申請には発起人全員分の印鑑証明書を添付していたのですが、そのうち１人の印鑑証明書が４ヶ月ほど前に取得したものだったため、再度取得する必要が出てしまいました。

失敗のポイント

３ヶ月以上前に取得した印鑑証明書を添付してしまいました。

公証役場に定款の認証に行く際は発起人全員の印鑑証明書、登記の申請をする際には取締役全員（取締役会を設置する場合は代表取締役）の印鑑証明書を添付します。どちらも、発行後３ヶ月以内のものである必要があります。

正しい対応

書類に不備があると、修正のため再度法務局へ行く必要があったり、後日再提出することになって審査に時間がかかってしまいます。スムーズに設立登記を完了させるために、必要書類について確認しておきましょう。

[解説]

登記を申請する際には、登記申請書を作成する必要があるほか、いくつかの書類を一緒に添付して提出しなければなりません。公証役場で認証してもらった「定款」もその一つです。

登記を行うには、次の書類を用意します。

①登記申請書
②定款（謄本）
③払込証明書
④取締役、代表取締役の就任承諾書
⑤取締役全員の印鑑証明書（取締役設置会社の場合は代表取締役のみ）
⑥登記すべき事項を印刷したOCR用紙（フロッピーディスク、CD-Rでも可）

⑦印鑑届書

⑧登録免許税貼付用台紙

設立時代表取締役の選定や役員の選任など、定款に定めていなかった場合は、それについても決議書を作成し、添付します。

現物出資がある場合、募集設立（発起人以外から広く出資者を募ること）を行う場合は、別途さまざまな書類が必要となります。

今回のケースでは、定款認証のあと設立登記まで少し時間があいてしまったとのことですが、登記申請にも期限があります。

発起設立の場合、次のいずれか遅い日から2週間以内に 会社設立登記を申請しなければならないとされています。

・設立時取締役等による調査が終了した日

・発起人が定めた日

「設立時取締役等による調査」とは、その会社設立に際してなされるべき出資が完了しているか、手続きが法令または定款に違反していないかなどの事項を調査することです。取締役は選任されたら遅滞なくこれらの調査をし、法令もしくは定款に違反するなど不当な事項があると認められるときは、発起人にその旨を通知しなければなりません。

定款認証を受けてから何日以内に登記しなければならないと決められてはいませんが、早めに登記申請するのが望ましいといえます。

事例 18

公告の方法についてわからない

ホームページ制作の会社を設立する予定です。従業員３人程度の小さな会社です。定款には「公告方法」を定めなければならないとのことですが、これがいまいちピンときません。知り合いに「電子公告なら費用が安い」と言われましたが、私のところのような小さな会社も、公告をするようなことがあるのですか。

公告について理解していませんでした。規模の大小にかかわらず、株式会社は決算公告や、株主に重要な影響を及ぼす事項があったときに公告する義務があります。

正しい対応

公告の方法には３種類あります。中小企業の多くは官報による公告方法を選択していますが、近年は自社ホームページを持つ会社が増えており、電子公告を選択するケースもあります。それぞれどういったものなのか理解しておきましょう。

[解説]

公告とは、特定の事項を広く一般に告知するという意味の法律用語です。株式会社においては、決算公告のほか、会社が合併する場合、資本金を減少する場合などに、株主や債権者に重大な影響を及ぼす事項について公告しなければなりません。公告は原則として定款に定めた方法で行います。

公告すべき事項のうち、決算公告は毎事業年度行うものです。

株式会社は、どのような規模であっても、毎事業年度終了後に貸借対照表・損益計算書等の計算書類を作成し、株主総会で株主の承認を受けなければなりません。そして、株主総会後遅滞なく貸借対照表（大会社の場合は貸借対照表及び損益計算書）を公告する必要があります。

公告の方法は3つあります。

1.官報に掲載する

国の機関紙である「官報」に掲載する方法です。費用が安いので中小企業の多くは官報による公告方法を選択しています。官報による決算公告には約6万円かかります。

2.日刊紙に掲載する

日刊の新聞紙であれば、全国紙でなく地方紙でもかまいません。しかし、掲載料はかなりかかるので、大企業以外はあまりこの方法は使いません。

3.電子公告

インターネット上で公告をする方法です。自社のホームページで決算公告をする場合、費用がかかりません。ただし、5年間の公告が義務となります。帝国データバンク等の公告サービス（3万円程度）を利用することもできます。こちらも同じように5年間掲載する必要があります。

決算公告に限らず、すべてを電子公告にする場合は、事前に調査機関による調査が必要となるため、調査費用として約20万円がかかります。

会社の事情によって、どの公告方法を選択するのがいいかは変わりますが、コスト面からすると、公告方法を官報としつつ、決算公告のみ自社ホームページでの電子公告を選択するのが最も安価（自社ホームページがある場合）です。ただ、財務状況が外部の目に触れやすくなりますので、それがデメリットになることもあるでしょう。第三者による改ざん、ウィルス等に対するセキュリティも考える必要があります。

これらのメリット・デメリットを理解したうえで、公告方法を選択してください。

事例 19

繁忙期と決算期が重なってしまった

資本金1,000万円未満で会社を設立しました。消費税免税のメリットを最大限に活かしたいと思い、12ヶ月後を決算月として事業年度を設定したところ、事業の最も忙しい時期が決算期となってしまいました。決算準備に時間をとられるので大変です。

失敗のポイント

消費税免税のメリットに気を取られて、繁忙期と決算期が重なってしまいました。決算時期は業務負荷が高まるので、業務が忙しくない時期に設定したほうがいいでしょう。

正しい対応

会社設立時に決算月を決める際のポイントをおさえておきましょう。今回のケースのように、繁忙期と決算期が重なってしまった等で不都合が生じた場合は、株主総会の特別決議等で決算期を変更することができます。

[解説]

会社設立の際に、必ず決めなくてはならない事項の一つに決算期（事業年度）があります。決算期をいつにするかは、特に決まりはありません。それぞれの会社が自由に決めることができます（12ヶ月を超える事業年度は認められていません）。慣習的に3月を決算期にしている会社も多いですが、何となく決めてしまうと不都合が生じることもあります。

決算期を決めるときは、次のような観点から検討することが必要です。

1．業務負荷の観点

決算前後には、決算作業や棚卸等、特別な業務が発生するため、業務負荷が高まります。決算期から2ヶ月以内に税務申告をしなければなりませんが、業務の繁忙期と重なってしまうと大変です。忙しい時期を避けて決算期を設定するのがおすすめです。

2.消費税の免税期間の観点

資本金が1,000万円未満の会社の場合、最大2年間は消費税の納税が免除される場合があります。この消費税免税のメリットを最大限に活かすように、決算期をできるだけ先にするというのも一つの考え方です。

消費税は、2年前の事業年度の売上をもとに課税か免税かを判断されます。設立して最初の1期目・2期目は、2年前の売上がありませんから、消費税納税が免除されるのです。

ただし、平成25年より、資本金1,000万円未満の会社でも、無条件に「設立後最大2年間は免税事業者」というわけではなくなりました。第1期の上半期の売上(または給与等の支払総額)が1,000万円を超える場合は、第2期の納税が免除されないことになったのです。例外として、第1期が7ヶ月以下の場合はこれまでと同じように免税になります。

したがって、1期目の最初の6ヶ月の売上または給与等支払額が1,000万円を超える見込みがない場合は、1年目の事業年度が12ヶ月になるように決算期を設定し、1,000万円を超えることが予想されるのであれば、1期目は7ヶ月以下としたほうが有利となります。

3.資金繰りの観点

税金を納める時期(決算後2ヶ月以内)に資金が潤沢にあり、支払いに対応できるようになっていることも重要です。

ボーナスの時期、業種的に現金売上が少ない時期など、資金繰りが大変な時期に重なってしまわないように決算期を設定するといいでしょう。

決算期を変更したい場合は、株主総会の特別決議等により定款を変更します。そして、税務署・都道府県税事務所・市区町村に「異動届出書」と定款変更の議事録を提出します。

事業年度を変更しても登記は必要ありませんので、比較的簡単に変更することができます。

事例 20

事業を始めてすぐに「目的」の変更が必要になった

ホームページ制作の会社を設立しました。定款の「目的」の部分には、「インターネットホームページの企画・制作」「コンサルティング」のみ記載していたのですが、営業を始めて数ヶ月後、クライアントの事業との兼ね合いでネットショップをスタートさせることになりました。定款に記載した「目的」以外の事業は行うことができないとのことで、定款を変更しなければならないようです。

失敗のポイント

定款の「目的」部分に、設立後すぐに行う予定の事業しか記載しなかったため、数ヶ月後に変更しなければならなくなりました。目的の追加・変更をするには変更の登記が必要です。

正しい対応

会社は、定款に記載した目的以外の事業を行うことができません。将来行う可能性がある事業はあらかじめ記載しておくようにしましょう。

[解説]

定款に記載する「目的」とは、会社の事業内容のことです。

会社は、定款に記載した目的以外の事業は行うことができません。ですから、設立後すぐに行う事業だけでなく、将来行う可能性のある事業、興味のある事業については入れておきましょう。目的を追加・変更するには変更の登記が必要となり、登録免許税3万円がかかります。

ある程度抽象的な表現でも登記は可能ですが、許認可が必要な事業については、それぞれの許認可の監督官庁に文言を確認しておきましょう。表現方法が異なると、許認可がおりない場合があります。

法律上、目的の数に制限はありません。しかし、第三者が「この会社は何が本業なのだろうか?」と不審に思うおそれがあります。中小企業なら10個程度におさめておくのが無難です。

目的は箇条書きにして、順に番号を振ります。最後の項目は「前各号に付帯または関連する一切の業務」としておくのが一般的です。

「目的」記載例

1.インターネットホームページの企画・制作

2.経営コンサルタント及び各種マーケティングリサーチ業務

3.広告代理業又は広告業

4.印刷物の企画・制作

5.日用品雑貨の販売

6.写真、ビデオ等の映像の企画及び撮影並びに編集

7.生命保険代理業

8.前各号に付帯または関連する一切の業務

事例 **21**

銀行口座開設のための準備をしていなかった

会社を設立して２週間ほど経ちました。わりとすぐに売上が上がり、請求書を出すことになったのですが、まだ銀行口座を作っていません。法務局で「登記事項証明書」を取得し、それを持って銀行の窓口に申込みに行きました。しかし、会社の印鑑証明書や定款のコピーが必要と言われて、出直さなければなりませんでした。審査にも意外と時間がかかるようです。

法人の銀行口座開設のための準備をしていませんでした。会社設立から「登記事項証明書」が取得できるようになるまでに１～２週間、口座開設の申し込みをしてから口座ができるまでは約２週間かかります。

正しい対応

スムーズな口座開設のため、事前に必要書類を確認して準備しておきましょう。犯罪防止のため審査が厳しくなっていますので、健全な事業を営んでいることがわかるような資料も必要かもしれません。

[解説]

金融機関で法人口座を開設するのは、登記手続きが完了してからになります。口座開設に必要な「登記事項証明書」は、登記が完了しないと取得できないからです。

一般的に、法人口座の開設には次のものが必要です。

・口座開設申込書（銀行に備え付けのもの）
・登記事項証明書
・定款のコピー
・会社の印鑑証明書
・代表者印
・銀行印
・本人の身分証明書

最近は、新たに口座を開設するときの審査が厳しくなっています。口座が売買されたり、振り込め詐欺などに利用されたりすることが問題になっているため、慎重になっているのです。

健全な事業を営もうとしていることがわかるように、事務所やお店の賃貸契約書、名刺やパンフレット、代表者の経歴書なども準備する必要があるかもしれません。スムーズに口座開設できるように、早めに必要書類について確認しておくといいでしょう。

口座開設の申し込みをしてから、審査を通過し、口座ができるまでに約2週間ほどかかります。会社の設立登記をした日から、登記事項証明書が取得できるようになるまでに1～2週間かかりますので、3～4週間後にやっと法人名義の銀行口座ができることになります。事業開始後、早い段階で取引先から入金の予定がある場合は、そのときになって慌てないように早めに準備しておきましょう。

法人口座開設の一般的な流れ

窓口・電話などで必要書類の確認

↓

必要書類の提出・面談

↓

審査結果の連絡

↓

窓口で口座開設依頼書に記入・提出

↓

キャッシュカードの到着

事例 22

商号の調査をせずに、名刺を作ってしまった

会社を設立したらすぐに営業を開始したいと思い、設立登記の前に名刺やパンフレットのデザインをし、印刷屋に発注しました。事務所は、交通の便がよい駅前のオフィスビルの一角です。

もろもろ揃ったので、登記をしようとしたら、私が考えていた社名が使えないことが判明しました。同じビルの中に、たまたま同じ社名の会社があったのです。せっかく印刷した名刺やパンフレットですが、修正しなければ使えなくなってしまいました。

失敗のポイント

商号の調査をしていませんでした。現在は、「同一住所に同一商号の会社は登記できない」という緩やかな規制になっていますが、同じビルの中に同じ社名の会社がある可能性はあります。

正しい対応

商号を決める際には、登記上のルールに気をつけなければなりません。ここでは商号のルールについておさえておきましょう。

[解説]

会社の名称＝商号は、定款に記載され、登記されます。商号にはいくつかのルールがあります。

・必ず「株式会社」と入れる

商号の前後どちらかに「株式会社」とつけます。

「株式会社」に代えて、「K.K.」「Co.,Ltd.」といった英文表記を登記することはできません。

・使えない文字がある

商号に使える文字は、ひらがなやカタカナ、漢字、アルファベット、数字などに限定されています。絵文字や感嘆符（!）などの記号、Ⅰ、Ⅱ、Ⅲといったローマ数字は使えません。

・同一の住所に同一の商号の会社は登記できない

以前は、同一市町村内において同じ商号は使うことができないとされていました。この規制は緩やかになり、現在は「同一の住所で同一の商号は使うことができない」とされています。

定款に載せる本店の住所は、部屋番号名までは必要としないので、同じビルの中にたまたま同じ商号の会社があることはあり得ます。ですから、同一の本店所在地に同一の商号の会社がないか事前に調べる必要は残っています。

同一商号の会社が存在するかどうかは、法務局に備えてある「商号調査簿」で、無料で確認できます。インターネットの「登記情報提供サービス」を使うなどして調べることもできます。

また、商号として使いたい言葉が商標登録されていると、商標権侵害の問題が発生する場合があるほか、有名な会社やブランド、商品、人の名前などを勝手に使うことは不正競争防止法で禁止されているので注意が必要です。

そのほか、「○○事業部」のように、会社の一部門をあらわす言葉を使用できない、公序良俗に反する表現は使えないといったルールがあります。

事例 23

法人成りをしたが、個人事業の廃業届出書の提出を忘れた

個人事業として２年ほどやっていましたが、利害関係者が増えてきた関係で法人成りをすることにしました。７月１日に会社設立登記をしました。個人事業の廃業届は提出していません。

個人事業としては何もやっていない状態なのですが、所得税の予定納税の通知書は届いており、２期目（１１月）の納付期日が迫ってきています。

失敗のポイント

個人事業の廃業届出書を提出していませんでした。廃業届は原則として廃業から１ヶ月以内に提出します。所得税の予定納税通知書が届いている人は、「予定納税額の減額申請書」を期限までに提出するか、一度納税をして還付の手続きをします。

正しい対応

法人成りをした場合、個人事業は廃業することになります。ここでは、法人成りの一般的な手順についておさえておきましょう。

[解説]

個人事業者が法人を設立して、事業形態を移行させることを「法人成り」といいます。

法人成りをする場合には、継続している取引に支障が出ないよう、より慎重にスケジュールを組む必要があるでしょう。

法人成りの一般的な手順は以下のようになります。

1.会社の概要と設立スケジュールを決める

↓

2.会社に引き継ぐものを決める

↓

3.会社設立登記の手続きをする

↓

4.取引先等へ契約変更の届出をする

↓

5.個人事業廃業の手続きをする

法人化に伴い、個人事業の廃止をした場合には、その廃業をした日から原則として1ヶ月以内に「個人事業の開業・廃業等届出書」「所得税の青色申告の取りやめ届出書」「給与支払事務所等の廃止届出書」「消費税の事業廃止届出書」を提出します。個人事業時代に提出した各種の届出は、会社には引き継がれないからです。会社が各種特典を受けるためには、あらためて会社として青色申告の承認申請書等を提出する必要があります。

ただし、会社に自宅を事務所や店舗として貸し出す場合には、個人の不動産所得が発生するので、そのまま確定申告を継続していきます。この場合は、廃業届等を提出する必要はありません。

予定納税の減額申請書

所得税の予定納税とは、その年の5月15日現在で確定している前年分の所得金額や税額などをもとに計算された予定納税基準額が15万円以上になる場合に、その年の所得税の一部をあらかじめ納付する制度です。予定納税基準額の3分の1の金額を、第1期分として7月1日から7月31日までに、第2期分として11月1日から11月30日までに納めることになっています。

法人成りをして個人事業を廃業したら、予定納税額の7月（11月）減額申請書を税務署に提出しましょう。減額申請を忘れたら、いったん納付書通りに納税をして、忘れずに還付申請をします。

事例 24

法人成りをした年の個人の確定申告を忘れていた

フリーランスから昨年の3月1日に会社を設立し、法人成りをしました。個人事業は2月末までということで、廃業届を提出しています。

まもなく、法人1期目が終わろうとしており、そろそろ決算の準備をしなくてはというところです。そこで気づいたのですが、昨年2月末までは個人事業としての所得があります。ですので、昨年度分は確定申告をしなくてはならないようです。そんな意識がなかったので、慌てています。

失敗のポイント

法人成りをして、個人事業の最終年度の確定申告を忘れていました。年の中途で廃業した場合、1月1日から廃業した日までの個人の所得と、その年の12月31日までに会社からもらった役員報酬とを合わせて確定申告をしなければなりません。

正しい対応

3月15日までに、確定申告をする必要があります。また、法人成りをした場合の、個人事業の最終年度の確定申告について注意点を確認しておきましょう。

[解説]

法人成りをして、年の途中で個人事業を廃業した場合、その年はこれまでと同じように確定申告をする必要があります。1月1日から12月31日の一暦年について、翌年の3月15日までに確定申告をします。

法人成りをするまでの個人の所得と、会社からもらった役員報酬を合算して申告することになります。会社に自宅を事務所や店舗として貸し出している場合には、不動産所得も併せて申告します。

個人事業の最終年度の確定申告においては、次のような点に気を付けましょう。

・売上高

その年の1月1日から、廃業した日までの売上を発生基準に基づいて計算します。廃業した前日に売上があった場合は、個人事業者時代の売上として総収入金額に含めることになります。

・貸倒引当金

貸倒引当金は法人に引き継ぐことができないので、すべて戻し入れをします。

新たに繰り入れてこの年の経費にすることはできません。

・貸倒損失

廃業した日の属する年に生じた貸倒損失は、必要経費に計上することができます。

個人事業を廃業した後に貸し倒れが生じた場合で、事業を廃業しなければその年の必要経費にできたものについては、必要経費に算入することが可能です。

・青色申告の特別控除

年の中途で廃業しても、青色申告の特別控除を月割計算する必要はありません。65万円または10万円の全額を控除することができます。

・個人事業税

通常であれば個人事業税は翌年の費用として計上しますが、廃業した年度に限って、課税見込額を必要経費に算入することができます。

個人事業税の見込額計算方法

$(A \pm B) \times C \div (1 + C)$

A:所得金額

B:調整金額(事業主控除など)

C:事業税の税率

事例 25

法人成りをしたいが、個人事業時代の資産をどう引き継げばいいのかわからない

個人事業で始めて２年ほど経ち、軌道にのってきたので法人化を考えています。現在の事務所、営業車、パソコンなどは会社でも引き続き同じものを使っていきたいのですが、どのような処理をすべきなのかがわかりません。個人からの出資というかたちになるのでしょうか。また、借入金も少しありますが、これは個人で返済しなければなりませんか。

失敗のポイント

法人成りをするにあたって、資産の引き継ぎ方法がわかりませんでした。どの資産をどう引き継ぐべきか、あらかじめ考えておくことが大切です。借入金を会社に引き継ぐには金融機関の同意が必要なので、担当者に事前に相談しましょう。

正しい対応

事務所は賃貸であれば、あらかじめ大家さんに事情を話し、あらためて会社として賃貸契約を結び直します。個人所有の資産であれば、車やパソコン等と同じく、売却・現物出資・賃貸借契約によって引き継ぐ方法があります。ここでは法人成りの際の資産の引き継ぎ方を確認しておきましょう。

[解説]

法人成りの際には、個人事業時代の資産・負債について、どれを引き継ぐべきか、どうやって引き継ぐかを考える必要があります。

売掛金・買掛金は、あえて会社に引き継ぐ必要はありません。これまでどおり個人口座に入金してもらう・個人で支払うことにしたほうが簡単です。引き継ぐ場合には、取引先に通知し、承認をもらう必要があります。

事業用の借入は、会社に引き継ぐべきですが、金融機関の同意が必要です。あらかじめ相談して、内諾をとっておきたいところです。金融機関が認めない場合は、個人事業者として引き続き返済することになります。事業用資産のリース契約も、リース会社の同意が必要になりますので、担当者に相談しておきましょう。

そのほか、固定資産の個人事業から会社への引き継ぎ方には、次のような方法があります。

1.売買契約

個人事業者から会社へ資産を売却する方法です。会社と売買契約書を締結して、代金のやりとりをします。個人事業者は、譲渡益に応じて所得税が生じます。

2.現物出資

個人事業者から会社へ、金銭以外の資産を出資する方法です。営業車やパソコンなど、時価によって評価し、出資します。

3.賃貸借契約

個人事業者から会社へ資産を貸す方法です。賃貸借契約書を締結して、賃貸料のやりとりをします。建物や土地等は売買もしくは現物出資をすると、登録免許税や不動産取得税等が会社に発生することがあるので、検討すべき方法でしょう。ただし、会社から個人に賃貸料の支払が発生すると、法人成りしたあとも個人はその収入を確定申告する必要があります。

事例 26

法人成りをして、使用していた土地を会社に譲渡したら、消費税額が高くなってしまった

個人事業として雑貨店をやっていましたが、税金等の関係から法人成りをすることにしました。使用していた土地・建物を会社に譲渡し、個人事業のほうは多額の売上が立ちました。消費税課税事業者なので、個人事業の廃業年度も消費税を支払ったのですが、この譲渡が影響して、想定よりも消費税額がかなり高くなってしまいました。

失敗のポイント

法人成りに伴う土地譲渡が影響して、消費税の負担が大きくなってしまいました。事前に「課税売上割合に準ずる割合」を申請すれば、不合理が解消できることを知らなかったようです。

正しい対応

会社への資産の譲渡について決定したら、「課税売上割合に準ずる割合」の使用の有利・不利について検討します。有利である場合、個人事業廃業の前に「課税売上割合に準ずる割合の適用申請書」を税務署に提出し、課税期間の末日までに承認を受けます。

[解説]

課税事業者が法人成りをして、土地等高額な資産を譲渡した場合、「課税売上割合」が95％未満となって、消費税の負担が増加する可能性があります。

「課税売上割合」とは、「課税売上＋非課税売上」のうちの「課税売上」の割合です。これが95％以上であれば、非課税売上がごく小さいということなので、支払った消費税を分けずに全額控除することができます。一方、課税売上割合が95％未満の場合は、支払った消費税のうち、課税売上に対応する部分のみが控除されます。その計算方法は次のいずれかになります。

1.個別対応方式

課税期間中の課税仕入れ等に係る消費税額を

(イ) 課税売上にのみ対応するもの

(ロ) 非課税売上にのみ対応するもの

(ハ)(イ)と(ロ)の両方に共通するもの

に区分し、次の算式で控除できる税額を計算します。

(イ)＋(ハ)×課税売上割合

2.一括比例配分方式

上記の区分をせずに、次の算式により控除できる税額を計算します。

課税仕入れ等に係る消費税額×課税売上割合

*一括比例配分方式は、2年間継続適用をしなければならない

たまたま土地を譲渡したことにより、課税売上割合が通常の年度より著しく低下し、消費税額の計算を上の方式で行わなければならないとなると、消費税の負担だけが増加してしまい、不合理です。そこで、「課税売上割合に準ずる割合」を用いて計算することが認められています。「課税売上割合に準ずる割合」は、原則的な課税売上割合と異なり、すべての事業において同一の割合を適用する必要はありません。

「課税売上割合に準ずる割合」を使いたい場合は、「課税売上割合に準ずる割合の適用申請書」を税務署に提出し、課税期間の末日までに承認を受けます。

今回のケースのように、法人成りで土地を会社に譲渡したことにより、消費税額の負担が増えてしまう場合には、「課税売上割合に準ずる割合」の適用を検討しましょう。

ただし、前年度に一括比例配分方式を選択している場合には、2年間継続適用となるので、一括比例配分方式で計算しなければなりません。

事例 27

スタッフを社会保険に加入させるため、法人成りするしかないと思った

個人経営でマッサージ店をやっています。一人ではさばききれないほど予約が多く入るようになってきたので、スタッフを２名雇いたいと思っています。スタッフを雇うなら、社会保険に入れてあげる必要があると思います。ですので、設立の費用や事務の負担が増えますが、法人成りをしなければなりませんよね。

失敗のポイント

社会保険（健康保険・厚生年金保険）に加入するには、法人成りするしかないと思っていました。個人事業でも任意適用事業所になることができます。社会保険加入だけが論点であるなら、個人事業のまま任意加入をすることを検討してもよいでしょう。

正しい対応

任意加入するには、従業員の半数以上の同意を得て、年金事務所に「健康保険・厚生年金保険　任意適用申請書」を提出します。そのほか、社会保険加入の要件についておさえておきます。

[解説]

従業員を雇ったときに発生する「社会保険」とは、広義には次の4つの種類をいいます。

・健康保険
・厚生年金保険
・労働者災害補償保険
・雇用保険

このうち、「健康保険」と「厚生年金保険」を合わせて狭義の「社会保険」、「労働者災害補償保険（労災保険）」と「雇用保険」を合わせて「労働保険」といいます。

会社を設立すると、社会保険に加入しなければなりません。代表者1名の会社であっても、加入は義務付けられています。

法人は社会保険加入が義務ですが、個人事業の場合は加入が義務のケースと任意のケースに分かれます。個人事業で社会保険が任意適用なのは、適用業種であって従業員が4人以下の場合です。非適用業種（農林水産業、サービス業、法務業、宗教業）は、従業員が5人以上でも任意適用です。

健康保険・厚生年金保険の適用

業種	従業員	事業形態	
		法人	個人
適用業種	5名以上	○	○
	5名未満	○	△
非適用業種	5名以上	○	△
	5名未満	○	△

たとえばサービス業を営む個人事業であれば、非適用業種ですから社会保険の加入は任意です。加入をするには、従業員の半数以上の同意を得たうえで、「健康保険・厚生年金保険　任意適用申請書」と「任意適用同意書」を年金事務所に提出します。これにより、その事業所で働く人については、加入に反対した人も含めて全員が加入することになります（事業主は加入できません）。

任意適用事業所が、社会保険加入したあとに脱退するには、従業員の4分の3以上の同意が必要になります。一度加入すると、脱退のほうがハードルが高くなっていますので、注意が必要です。

なお、任意適用の場合、従業員の半数以上が社会保険の加入を希望しても、加入しなければならないわけではありません。あくまでも事業主が決定し、申請することになります。

労働保険については、個人・法人かかわらず従業員を雇用したときに加入しなければなりません。労災保険は、個人単位でなく事業所単位で適用されます。従業員が1人でもいれば、加入することになります（個人経営の農林水産業の一部を除く）。

雇用保険は、一定の要件を満たした従業員（原則として31日以上の雇用見込があり、1週間の所定労働時間が20時間以上）は加入の義務があります。

まずは労働基準監督署で労災保険の手続きをし（「保険関係成立届」を提出）、その後、ハローワークに「雇用保険適用事業所設置届」を提出して手続きします。

事例 28

対外的信用を得るため会社を設立したが、デメリットを考えていなかった

フリーのライターとして２年ほど仕事をしてきました。単発の仕事が多く、新規の仕事を獲得するのに苦労しています。実績もそれほど多くないので、なかなか信用を得られないのです。そこで、会社設立をすることにしました。会社として仕事を受けるようにすれば、発注側も安心感があると思います。大手企業は、法人でないと取引しないと聞いたこともあります。

しかし、会社にしたら思った以上にコストがかかり、早くもフリーに戻ったほうがいいのでは…という気がしています。

失敗のポイント

会社設立のデメリットを考えていませんでした。確かに、法人化すると信用度が高まる等のメリットがあります。しかし同時に、設立コスト・維持コストがかかる、決算手続きが煩雑になる等のデメリットもあります。

正しい対応

法人化のメリット・デメリットを確認し、よく検討しましょう。法人化のメリットがあまり活かせないようであれば、現段階では個人事業として継続したほうがいいかもしれません。

[解説]

法人化については、税金面でのメリットや対外的信用がよく言われます。確かに多くのメリットがありますが、反面、設立や維持に手間と費用がかかる等のデメリットもあります。

法人化のメリット・デメリットを簡単にまとめておきましょう。

[法人化のメリット]

1.対外的信用が得られやすい

会社は登記されており、決算書を公開しています。法務局に行けば誰でも会社の概要を簡単に把握することができます。そのため、個人事業に比べ社会的な信用を得やすいです。

2.必要な資金を集めやすい

個人事業には出資という概念がないので、第三者から資金を集めるには、借入か、税金のかかる贈与になります。銀行融資も難しいのが現状です。会社は、第三者から出資を募ったり、融資を受けたりすることができ、個人事業に比べて資金を集めやすいといえます。

3.事業が継続する

個人事業では、事業は事業主に依存しますが、法人の場合は解散しない限り事業は継続します。

4.債務責任が有限

万が一会社が倒産しても、借金を返済するのは会社であって、個人ではありません。株主は自分が出資した金額の範囲内で債権者に対して責任を負っています。一方、個人事業の場合は、事業に失敗すれば、負債はすべて個人の責任です。

5.役員報酬を払って節税できる

個人事業と法人とでは税率の構造が違うので、収入によっては税務上有利な設定をすることができます。「給与」として会社から受け取ることにより、サラリーマンと同じような経費の控除（給与所得控除）ができ、また、家族を従業員にして、給与を支給することもできます。ただし、勤務実態が必要です。

6.青色欠損金を9年間控除できる

青色申告をしていれば、赤字が出た場合に9年間（平成20年4月1日前に終了した事業年度については7年間）はその赤字を翌期に繰り越すことができます。個人事業の場合は3年間です。

[法人化のデメリット]

1.交際費の限度額

個人事業の場合は接待交際費に上限はありませんが、法人では、経費として認められる上限が定められています。

2.住民税の均等割課税

利益があってもなくても、法人住民税の均等割が課税されます。その金額は資本金額と従業員数によって異なりますが、最低でも年あたり7万円は納める必要があります。

3.決算手続きの煩雑化

複式簿記による記帳と、貸借対照表・損益計算書等の決算書を作成しなければなりません。

4.維持に費用と手間がかかる

会社の移転、役員の変更、増資・減資等がある都度、変更の登記を行う必要があり、登録免許税がかかります。

5.事業で儲けたお金を個人で自由に使うことができない

会社のお金を個人で自由に使うことはできません。役員報酬は年に一度、事業年度開始の日から３ヶ月以内にしか変更できないので、儲けに応じて取り分を変更することはできません。

MEMO

事例 29

休眠会社を買い取ることで、設立費用を節約しようとした

友人の会社を買い取ることで、事業をはじめようと思っています。友人の会社は、ここ数年間は事業を行っていないとのことなので、とくに問題は発生しないと思います。新規に会社を設立するコストをおさえるのが目的です。会社設立にはいろいろ手間もかかるので、その手間も省けると思います。

失敗のポイント

安易に休眠会社を買い取って事業を始めようとしていました。最低資本金制度が撤廃されてからは、休眠会社の買い取りにはほとんどメリットはありません。買取会社に負債やトラブルがあった場合、それも引き継ぐことになってしまうので、慎重に検討する必要があります。

正しい対応

休眠会社買い取りのメリット・デメリットを確認しておきましょう。

買い取りを検討する際には、登記事項証明書、定款、決算書等を入手し、会社の状況を詳細に調査することが大切です。

[解説]

会社を新規に設立するほかに、休眠会社を買い取って事業を始める方法があります。

「休眠会社」とは、登記簿上は存在しているにもかかわらず、実質的には営業を停止している会社のことを言います。新会社法施行前は、休眠会社を買い取ることで資本金相当額の資金の調達が不要になるというメリットがありました。しかし、最低資本金制度が撤廃されてからは、休眠会社を買い取ることにあまり大きなメリットはありません。
休眠会社買い取りのメリット・デメリットをまとめておきます。

メリット

・社歴が入手できる
継続している会社ほど信用が得られやすいものです。長い社歴を謳うことができるのはメリットといえます。

・多額の資本金を名目上得られる
資本金の額も信用力の一つです。資本金が大きい会社を買い取れば、それだけの資本金を用意しなくても手に入れることができます。

・許認可付きの会社もある
不動産業(宅地建物取引業)など許認可付きの会社を買い取れば、許認可を得られることになります。

・青色欠損金があれば活用できる
青色欠損金がある会社を買い取れば、過去の赤字分を引き継ぐことができるので税金が安くなるメリットがあります。

デメリット

・隠れ債務があるかもしれない
会社を買い取るとは、その会社の資産・負債をすべて引き継ぐことです。未払いの借金、買掛金、未払い金等の債務のほか、帳簿に載っていない債務もあるかもしれません。

・新たに借り入れができないおそれがある

金融機関のブラックリストに載っていて、銀行取引停止になっている場合、新たに借り入れができません。

こういったことがなくても、きちんとした決算書がなければ融資を受けることは難しいです。

・すぐに青色申告ができない

休眠会社は税務申告をしておらず、白色申告になってしまっていることが多いので、青色申告に戻すために数年かかる場合があります。

休眠会社の買い取りは、デメリットに記載したようなリスクが考えられるため、慎重に検討する必要があります。登記事項証明書、定款、決算書等を入手し、買取会社の状況を詳細に調べてください。

また、会社を買い取ったら、商号、本店所在地、役員、目的等を変更して変更登記の手続きが必要です。それだけで10万円ほどの登録免許税がかかります。

会社設立の費用を節約するだけの目的であれば、あまり大きな効果はないでしょう。

事例 30

海外国籍の人の会社設立

海外国籍であり、現在は「技術」の就労ビザにより日本企業で働いています。近々独立して会社を興し、経営者としてやっていきたいと思っています。最初は私一人で小さく始め、将来的には従業員を増やして大きな会社にしていきたいです。日本での会社設立は、書類さえ揃えることができれば可能ですよね。

失敗のポイント

会社設立自体は可能ですが、ビザの変更が問題となります。役員として事業を行っていくには「投資・経営」ビザが必要です。最初からある程度の規模で事業を行っていく必要があります。

正しい対応

「投資・経営」ビザを取得するための主な要件について確認しましょう。会社を設立したものの、ビザの変更が認められず、会社経営が違法行為となってしまったというようなことは避けなければなりません。

[解説]

海外国籍の人が日本で会社を設立するのは、書類を揃えることができればとくに問題はありません。日本人が会社を設立するのと基本的に同じです。問題になるのは、「在留ビザの更新・変更」の部分です。

会社の役員として活動するには、「投資・経営」のビザが必要になります。現在、「投資・経営」ビザ以外の、「技術」「人文知識・国際業務」「企業内転勤」「技能」といった就労ビザや留学ビザを持っている場合は、会社設立後にビザの変更をしなければなりません。

この「投資・経営」ビザ取得はハードルが高く、次のような要件をクリアする必要があります。

・ 事業所として使用する施設が日本国内に確保されていること
・ 日本に永住権を有する者を2名以上常勤職員として雇用することま

たは日本国内で年間経費を500万円以上支払い続けること

・ 資本金を500万円以上出資していること(500万円以上の投資をしていること)
・ 行う事業に実現性・継続性があること

これらの要件を満たすことができる場合に、会社を設立し、「投資・経営」ビザへの変更手続きの申請を行うことになります。会社設立と、「投資・経営」ビザが認められることはまったく別ですので、慎重に検討する必要があるでしょう。

事例 31

法人用クレジットカードで私的な買い物をしている

事業に必要な事務用品などを、いちいち現金で支払うのが面倒なので、法人用クレジットカードを作りました。利用明細書が送られてくるので記帳もラクです。ただ、プライベートの買い物もついこのカードを使ってしまい、あとから精算することがあります。明細書が送られてきたときに、考えればいいだろうという感じでカードを使ってしまいます。

次第に、この精算が面倒になってきました。

失敗のポイント

法人用クレジットカードで私的な買い物をしています。経理の負担を減らすため、クレジットカードは便利ですが、個人のお金とはきちんと分けて管理しなければなりません。

正しい対応

事業の経費は法人用クレジットカード、個人的な買い物は個人のクレジットカードを使います。ここでは、経理の負担を減らしつつ、会社のお金をきちんと管理するためのポイントを確認しておきましょう。

[解説]

個人事業は事業のお金とプライベートのお金に区別はありません。売上から費用を引いて残ったお金は自由に使うことができます。しかし、会社を設立したら、会社のお金をプライベートで使うことはできません。会社のお金と個人のお金はきちんと分けて管理することが必要です。

ここでは、会社の経理の負担を減らしつつ、お金を管理するポイントを確認しておきましょう。

口座振替の利用で負担を減らす

経理担当者の負担を減らすためには、できるだけ現金の動きを少なくすることです。経理にとって最も手間がかかるのは帳簿付けですが、たとえば現金で水道料金を支払った場合、預金から現金を引き出し、現金で支払いをし、つり銭を銀行に戻すというように3回も取引が発生してしまいます。これが、銀行引き落としであれば、引き落とされたときの1回の帳簿付けですみます。もちろん、銀行へお金を下ろしに行ったり、支払ったりする手間もなくなります。

現金であれば、残高を確認するためには数える必要がありますが、預金の場合は通帳を確認すればいいのでラクです。

口座振替ができるものは、できるだけ利用して経理の負担を減らしましょう。

法人用カードの利用

できるものはすべて口座振替にしたとしても、現金支払が必要なものは残るでしょう。そこでおすすめなのが法人用カードの利用です。法人用クレジットカードは、会社の口座を引き落としの口座にすることができます。カードを利用すると、利用明細書が送られてきますので、記帳がラクになります(お店が発行したカード利用明細書や請求書等の保管は必要です)。

ただし法人カードは、個人カードよりも審査が厳しく、状況によっては作れないこともあります。その場合は、個人名義のカードを会社用カードとみなして利用します。会社の口座からは引き落としができないので、カード専用の個人口座を作り、プライベートの入出金は一切行わないようにします。

事例 32

クレジットカードで支払った経費について、会計処理をする日が定まっていない

法人用クレジットカードを利用しています。いつもは、口座の引き落としがあったときに、カード会社からの利用明細書をもとに経費計上をしています。しかし先日、研修費用をクレジットカードで支払った際、わりと高額だったので早めに会計処理したほうがいいと思い、契約日（クレジットカード利用日）で経費計上をしました。

失敗のポイント

クレジットカードでの支払いについて、利用日で処理したり、決済日で処理したりと基準が統一されていません。会社の経理は原則として「発生主義」に基づいて会計処理をすることが必要です。利用日ベースで処理するのが、正しい方法です。

正しい対応

費用が発生した日に「費用／未払金」、決済日に「未払金／預金」と仕訳をします。現金主義で会計処理をしている場合でも、決算のときには「未払金」を使って決算修正仕訳を計上する必要があります。

［解説］

会社の会計は、原則として「発生主義」で行わなければなりません。発生主義とは、お金の動きに関係なく、収益や費用の事実が発生した時点で計上するものです。一方、現金主義では、現金を支払ったり受け取ったりした時点で計上します。

クレジットカードを利用した場合も、原則「発生主義」で処理をしますので、利用日に経費計上をすることが必要になります。

たとえば、4月24日に航空券をクレジットカードで購入したとしましょう。カードの決済日は6月5日です。この場合、現金主義で処理をすれば、

6月5日　旅費交通費／預金

ですが、費用が発生したのはあくまでも4月24日です。発生主義に基づ

いて処理をすると、

4月24日　旅費交通費／未払金

6月5日　未払金／預金

という仕訳になります。

現金主義で処理をしている場合でも、利用日と決済日の間に決算日がくるときは、決算修正で未払処理が必要になります。期中に発生した費用は費用としてきちんと計上しなければならないのです。

いずれの方法にしても、どちらかに統一してきちんと記帳することが必要です。あるときは利用日で処理し、あるときは決済日で処理するというのでは、正しく経営の管理をすることができません。

事例 33

利益は出ているはずなのに、資金ショートしそうで困っている

会社を設立して半年ほど経ちました。取引先も徐々に増え、大きな売上が上がるようになってきました。決算書上は黒字です。しかし、仕入れの分の支払いや従業員への給与支払いに追われ、資金繰りに余裕がありません。来月、ちゃんと支払えるのかどうか心配です。利益が出ているのに、資金がショートするなんていうことが本当にあるんですね。

失敗のポイント

自社の資金繰りについて把握できていないようです。利益が出ていても、資金繰りに行き詰まって倒産することを「黒字倒産」といいます。突然の資金不足を避けるため、資金繰り表を活用しましょう。

正しい対応

資金繰り表を活用して、少なくとも今後3ヶ月のお金の流れは把握するようにします。資金が不足しそうな時期・額等を早めに把握できれば、融資を受ける等の対策を講じることができます。

[解説]

日本における企業倒産の半数以上が「黒字倒産」といわれています。「黒字倒産」とは、利益が出ていて、決算が黒字であるにもかかわらず資金繰りに行き詰まり、倒産してしまうことです。こうした事態が起こる原因は、入金と出金のタイミングのズレによる資金不足です。

会社の会計は「発生主義」で処理しますから、実際のお金の動きとは別に、取引が発生した時点で売上や仕入れの計上をします。ですから、損益計算上は利益が出ていても、その入金よりも経費の支払いのほうが早ければ資金が不足してしまいます。

こうした事態を起こさないために、おすすめしたいのが資金繰り表の活用です。資金繰り表とは、将来の現金の収入と支出を予測した結果をとりまとめたものです。不足する資金の額や時期が事前に予測できるので、早めに対策を講じることができます。少なくとも今後3ヶ月の資金繰りの状況は把握しておきたいところです。

資金繰り表はとくに決まった形式はありません。集計等の利便性を考えると、エクセル等の表計算ソフトを使うのがいいでしょう。次ページのフォーマットを参考にして、自社の使いやすいようにアレンジして活用してください。

資金繰りが危うくなったら、早めに対策を練ります。

・**金融機関からの借入等により資金を調達する**
・**支払いを遅らせる**
・**売掛金の早期回収をする**
・**資産を売却する**

といった方法で、手元に現金を確保する必要があります。

また、資金不足が予想される場合には、現金を確保する対策を講じると同時に、原因を探ることが重要です。原因を把握せずに資金の手当てだけしても、一時的には解決できるかもしれませんが、また同じことを繰り返してしまうかもしれません。

資金繰り表

○年○○月○○日

			5月	6月	7月
前月繰越金額			3,000,000	2,000,000	
経常収入	売上金入金	現金	10,000,000		
		手形			
		計	10,000,000		
	売掛金回収	現金	5,000,000		
		手形			
	その他の収入				
	計（1）		15,000,000		
経常支出	仕入高支払	現金	8,000,000		
		手形			
		計	8,000,000		
	買掛金支払	現金	1,000,000		
		手形			
		計	1,000,000		
	人件費		1,000,000		
	諸経費				
	その他の支出				
	計（2）		10,000,000		
経常収支過不足（1）－（2）			5,000,000		
計上外収支	借入金入金				
	計				
計上外支出	借入金返済		1,000,000		
	固定資産購入		5,000,000		
	計		6,000,000		
差引翌月繰越金			2,000,000		
月末残高	借入金	短期	10,000,000		
		長期			
	手形				
	売掛金		10,000,000		
	買掛金		6,000,000		
備考					

事例 34

売掛金の管理をしておらず、回収できていない

会社を設立して半年が過ぎました。売上は順調に上がっており、利益は出ています。しかし、資金繰りに苦労しているので、その原因を調べてみました。すると、回収できていない売掛金が２件あることがわかりました。２件とも取引は継続しておらず、金額はそれほど大きいわけではありません。でも、資金に影響を与えていることは確かです。放っておくわけにはいかないなと思っているところです。

失敗のポイント

売掛金の管理をしていませんでした。売掛金は回収しなければ、資金として使うことができず、資金繰りに影響を与えます。放置して時間が経つほどに回収が難しくなるので、早めに手を打つことが大切です。

正しい対応

売掛金管理台帳を作成して、得意先ごとの売掛金発生・回収の状況を把握しましょう。得意先からの支払いが遅れた初期段階で、連絡を入れるようにします。督促・話し合いをしても支払いがない場合に、法的手段を検討します。

[解説]

売掛金とは、売上金の帳簿上の未収金のことです。企業間の取引では、都度現金を動かすのではなく、信用にもとづいて掛け売りをするのが通常です。当然ですが、売掛金は回収しなければ自由に使える資金にはなりません。売掛金が回収できないまま、買掛金の支払いがかさむと「黒字倒産」を引き起こしてしまいます。売掛金の増加は、キャッシュフローの悪化につながることに注意しましょう。

売掛金をきちんと回収して、会社のお金を回していくためには、日頃の売掛金の管理が重要です。売掛金は、時間が経つほど回収率が低くなる傾向にあります。得意先からの支払いが遅れた初期段階で行動することが大切です。

売掛金管理台帳を作成する

売掛金の状況を把握するため、得意先ごとの「売掛金管理台帳（得意先元帳）」を作成しましょう。売掛金の発生と回収を正しく管理することが大切です。間違った金額の請求書を発行したり、督促したりすれば得意先に迷惑をかけるばかりか、信用を失うことになりかねません。また、回収が遅れていることがわかれば、早めに対応することで回収率を高めることができます。

（売掛金管理台帳サンプル）

東京都港区○○○

株式会社　○○　　03（○○○○）○○○○

日付		摘要	売上金額（借方）	回収金額（貸方）	残高
月	日				
4	1	前月繰越	100,000		100,000
	2	商品１	5,000		105,000
	3	商品２	10,000		115,000
	4	普通預金		60,000	55,000

売掛金が回収できないときは

支払いが遅れている得意先に対しては、早めに電話を入れて確認するなどします。督促をしても支払ってもらえない場合、法的手段をとる前に、まずは話し合いの場を模索するといいでしょう。支払うことができない理由を聞き出し、どのような方法なら支払えるのかを確認します。

話し合いができない場合や、話し合って約束をしたにもかかわらず支払いがない場合は、「内容証明郵便」を送る方法があります。内容証明郵便とは、いつ、誰から誰に、どのような内容の文書が差し出されたかを郵便局が証明してくれるサービスです。これによって、「請求書が届いていない」といった水掛け論を避けることができ、また、売掛金の請求についての時効を延ばすことができます。売掛金の時効は2年間です。支払期限から2年が経過し、相手先がこの時効を適用しようとすれば、法律上、売掛金が消滅してしまいます。

内容証明郵便を送ることで、時効が6ヶ月間延びるのです。

こういった努力をしたうえで、相手先の経営状況等から回収ができないと判断した場合は、「貸倒損失」として計上することになります。回収できない売掛金をそのまま放置しておくと、帳簿上は利益が出ているわけですから、その分税金を支払うことになってしまいます(貸倒損失の計上は「完全に回収が不能であることが客観的に確定」されなければ認められないので注意してください)。

事例 35

小切手・手形の扱いがわからない

会社を設立して、輸入雑貨の卸売をしています。これまで、売掛金の入金は現金か銀行口座への振込みしかなかったのですが、先日、小切手を受け取りました。小切手を扱ったことがないので、どうすればよいのかがわかりません。銀行に持って行けばすぐに現金化できるのでしょうか。「手形」も流通しているそうですが、小切手とは何が違いますか。

失敗のポイント

小切手・手形について知識がありませんでした。会社間の取引では、小切手や手形も通貨として使われることがあります。扱いを間違えるとトラブルになったり、資金繰りに影響したりするので、基本的な扱い方を知っておきたいところです。

正しい対応

小切手は原則としてすぐに現金化できる証券であるのに対し、手形は後日の決済を約束して振り出されている証券です。ここでは、小切手・手形の基礎知識についておさえておきましょう。

[解説]

会社間の取引では、現金に加えて小切手・手形も通貨の役割を果たします。起業したての会社が小切手・手形を振り出すことはないかもしれませんが、取引の中で受け取ることはあるでしょう。扱いを間違えると、思わぬトラブルになったり、会社の資金繰りに影響したりすることがありますので、ここでは小切手・手形の基礎知識についておさえます。

小切手

小切手とは、振出人（発行した人）が受取人など正当な所持者にお金を支払うことを委託する証券です。多額の現金を持ち歩くのは危険を伴うので、支払証券をやりとりして決済をするのです。小切手を受け取った人は、銀行に持っていって現金に換えます（預金口座に入金します）。ただし、すぐに現金として使えるわけではなく、通常現金化までに2～3日かかります。

小切手を受け取ったら、まずは法律で定める要件、「支払金額」「振出人の氏名」「印鑑」「振出日」が整っているか確認しましょう。小切手は、原則として振出日の翌日から10日以内に銀行へ持参する必要があります。紛失を防ぐためにも、早めに持って行ってください。ただし、取引先との了解のもと、この振出日が将来の日付になっている場合もありますので注意する必要があります。

また、小切手は紛失、盗難等により通常ではない手段で誰かが入手した場合でも、その者が銀行に提示をしたら換金されてしまいます。そういったことを防ぐため、右上の角に2本の平行線を引く「線引き」という制度があります。線引小切手は、持参人が銀行に預金口座を持っていないと換金されません。万が一、不正な手段で取得した者が小切手を持参した場合でも、追跡することができるので安全性が高いといえます。

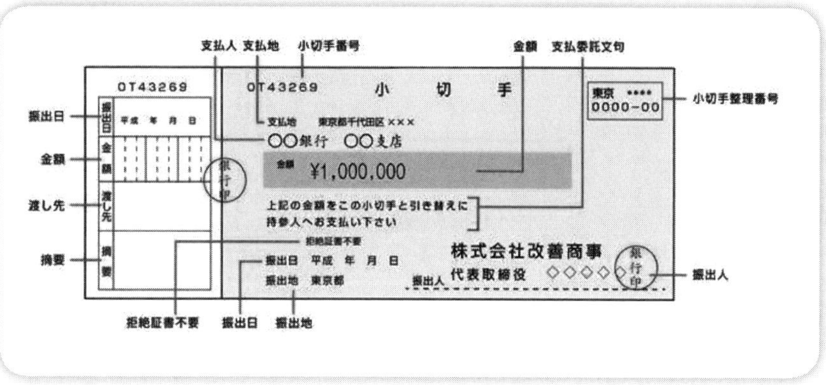

手形（約束手形）

手形も、小切手と同じように振出人（発行した人）が受取人など正当な所持者にお金を支払うことを委託する証券です。小切手と違うのは、後日の決済を前提としていることです。手形が現金化されて入金されるには、振出日から90日後、120日後、180日後等、手形に記載されている期日まで待つ必要があります。手形を受け取ったら、銀行に持参して取立（受取手形を現金化）を依頼します。取立を依頼された銀行は、手形交換所を通じて振出人の当座預金口座から現金を回収するという仕組みです。取立依頼をするタイミングは、支払期日前であれば早くても構いません。

手形の場合、長い期間現金化されないので、資金繰りに影響を与えます。そこで、「手形割引」という制度があります。手形割引とは、支払期日前の手形を銀行等に譲渡することにより、支払期日までの利息相当額を差し引いた金額で売却することです。手形割引を行うには、事前に取引銀行との間で手形取引約定書を締結しておく必要があります。

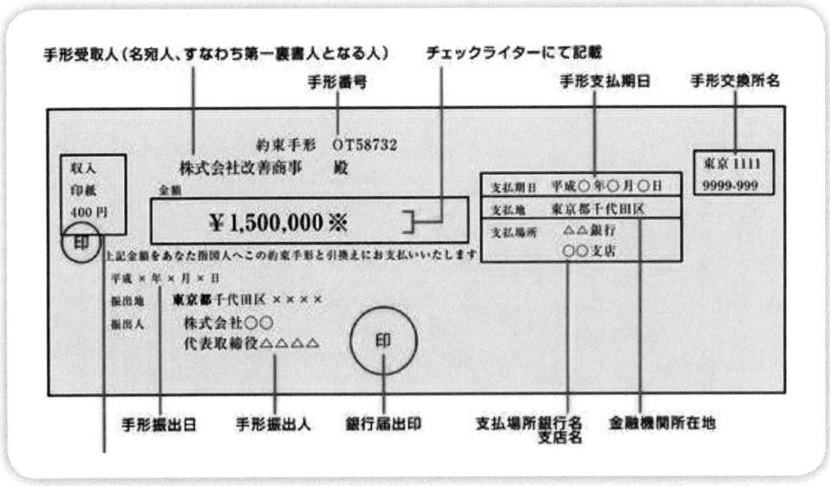

事例 36

慶弔金は領収書がないので、ポケットマネーで出したことにした

得意先の社長の親族の訃報を受けて、葬儀に参列しました。このとき、香典を持参しましたが、当然ながら領収書はもらっていません。領収書がなければ、経費として計上するのは難しいと思ったので、私自身のポケットマネーで出したことにしました。

今後も、事業をやっていく中ではこういった支出はありえると思います。個人的支出として考えるしかありませんか。

失敗のポイント

香典・祝い金等の慶弔金は領収書がありませんが、事業に関連する支出であれば経費として認められます。領収書の代わりに、お金の授受があったことを証明できる書類を保存しておけばいいのです。

正しい対応

領収書を紛失した場合、そもそも領収書を受け取れない場合にどうすべきか確認しておきましょう。今回のケースでは、訃報を知らせるファックスやメールを印刷したものや香典返しについているお礼状に、香典を渡した日付・香典の金額等を記載して保存しておきます。

[解説]

領収書は、支払いをした事実を証明するための証拠書類です。事業のために支払った金額を経費として計上するためには、領収書を保存しておく必要があります。税法上、帳簿書類保存の義務があり、7年間は保存しなければなりません。

領収書がない場合にはどうしたらいいのでしょうか。

領収書を紛失した場合は、発行した側に再発行をお願いします。ただし、本当にその店で商品を購入したことが証明できなければ難しいでしょう。領収書を発行した側には、再発行の義務はありません。領収書再発行が難しい場合、客観的に見てお金の授受があったことがわかる証拠を残しておくことがポイントになります。たとえば、ネット通販で買い物をした場合の、確認メールや取引画面のキャプチャ、銀行から振り込んだ場合の振込明細書等は領収書の代わりとして証拠書類になります。

そのほか、そもそも領収書が受け取れない支出として次のようなものがあります。

・移動時の電車賃、バス代
・香典、祝い金等慶弔金、パーティ参加費

電車賃・バス代は長距離の移動であれば領収書をとることは可能です。しかし、近距離の移動では通常領収書を取ることはしません。代わりに、出金伝票（交通費清算書）に、日付・交通手段・金額・交通経路・目的等を記録し、保存するようにします。

香典・祝い金等の慶弔金、取引先のパーティ参加費は領収書が受け取れない支出の代表例ですが、事業と関連がある支出であれば、当然、必要経費として認められます。この場合は、招待状やお礼状に金額・内容等を記録しておけばいいでしょう。

事例 37

領収書に収入印紙を貼付しなかった

先日、6万円の商品を購入したお客様に領収書を発行したのですが、収入印紙を貼付していませんでした。これまであまり高額な商品を販売してこなかったので、印紙を貼ることがなく、その意識がありませんでした。後日、そのお客様から「領収書に印紙がなかったけど」と指摘されてしまいました。

失敗のポイント

領収書に印紙を貼付しませんでした。本来貼るべき収入印紙を貼っていないことが発覚すると、印紙税が課税されることを知らなかったり、忘れていたりした場合でも、納付しなかった印紙税額の3倍の過怠税が課税されてしまいます。

正しい対応

６万円の領収書には200円の収入印紙を貼り、消印をします。ここでは、領収書に関する印紙税の基本について、間違いやすい例とともにおさえておきましょう。

[解説]

印紙税は国税の1つで、契約書や有価証券、領収書など印紙税法で定められた課税文書の作成に対して課せられる税金です。印紙税の納付は、原則として納税者（文書を作成した人）が、定められた金額の収入印紙を文書に貼りつけ、消印をして行います。

本来貼るべき収入印紙を貼っていなかったり、金額が不足していたりしたことが発覚した場合、印紙税が課税されることを知らなかったとしても、納付しなかった印紙税の3倍の過怠税（収入印紙を貼っていないことを自主的に申し出た場合は1.1倍）が課税されますので注意してください。

ただし、契約書などに収入印紙が貼っていなかったとしても、契約そのものが無効になるわけではありません。

今回のケースでは、領収書に収入印紙を貼付することを忘れていました。

領収書は、印紙税において「売上代金に係る金銭または有価証券の受取書」に該当し、金額に応じた収入印紙を貼って消印することが必要です。「金銭または有価証券の受取書」の範囲は次のようなものです。

1. 領収書・レシート
2. 受取の事実を証明するために、請求書・納品書等に「代済」「相済」「了」などと記入したもの
3. お買い上げ票などでその目的が金銭または有価証券の受領事実を証明するためであるもの

売上代金に係るものは、金額に応じて200円～20万円の印紙税が課税されます。

記載金額が3万円未満（平成26年4月1日以降は5万円未満）の受取書は非課税です。

＜間違いやすい例＞

・仮領収書

仮領収書と称するものであっても、金銭等の受取事実を証明するために作成されたものであれば、後日、本領収書を発行するかどうかによらず、印紙税が課税されます。

・クレジットカードによる支払いに対する領収書

クレジットカードによる支払いは、カードを切った時点では「信用取引」が発生しただけでまだ支払いが済んでいないため、その領収書は「金銭または有価証券の受取書」に該当しません。したがって、印紙は不要です。

・商品券等による支払いに対する領収書

商品券やプリペイドカードによる支払いは、有価証券の受取と考えられますので、その領収書には印紙が必要です。ポイントによる支払いは、そもそも金銭や有価証券ではありませんので印紙は不要です。

事例 38

期中に役員給与の減額をしたい

会社を設立して５ヶ月が経ちました。当初見込んでいた取引がうまくいかず、思ったほど売上が上がっていません。資金が底をついてきました。自分の役員給与を高く設定しすぎたかもしれません。そこで、いったん、役員給与を下げたいと思います。株主総会で役員給与の変更手続きをすればいいでしょうか。

失敗のポイント

期中に役員給与の減額改定をしようとしています。役員給与の変更ができるのは、原則として事業年度開始の日から３ヶ月以内です。減額改定事由に該当しない場合、減額前の給与との差額分が損金不算入となりますので注意しましょう。

正しい対応

役員給与の変更には制限がありますので、最初の段階で十分に検討する必要があります。今回のケースでの減額は、減額改定事由に該当しないと考えられますので、これまでの給与の一部が損金不算入となります。ここでは、減額改定が認められる場合について確認しておきましょう。

[解説]

会社が役員に対して支払う給与のうち、「定期同額給与」に該当しないものの額は損金に算入されないこととなっています。

定期同額給与とは、その支給時期が1ヶ月以下の一定の期間ごとである給与で、その事業年度の各支給時期における支給額が同額であるものをいいます。

つまり、毎月一定額の給与以外は経費として認められないのです。利益に応じて賞与を出す、業績連動型で給与を出すといった場合、経費計上ができません(一定の法人は、業績連動型役員給与の支給が、一定の要件のもと認められる)。

役員給与の変更は、原則として事業年度開始の日から3ヶ月以内でなければ認められません。平成19年4月1日以降は、期中の減額改定についても相当の理由が必要となりましたので注意が必要です。

期中の減額改定ができるのは、次のような場合です。

1.業績悪化改定事由による減額改定

経営状況が著しく悪化したことなどやむを得ず役員給与を減額せざるを得ない事情があることをいいます。一時的な資金繰りの都合や、単に業績目標値に達しなかったこと等は含まれません。また、経営状況の悪化に伴い、第三者である利害関係者(株主、債権者、取引先等)との関係上、役員給与の額を減じざるを得ない事情が生じていれば、これも含まれます。

2.職制上の地位の変更、職務内容の重大な変更による減額改定

たとえば代表取締役であった者が平取締役になった、合併等により職制上の地位が変わった等の場合は増額・減額ともに認められます。

これら以外で減額改定をした場合、本来の定期同額給与の額は改定後の金額であるとみなされ、改定前の上乗せ部分が損金不算入となります。

たとえば、最初の4ヶ月は役員給与が100万円、減額改定をして残りの8ヶ月は80万円にしたという場合、100万円－80万円＝20万円の4ヶ月分で80万円が損金不算入です。

このように、期中の減額改定は難しく、できるだけ避けたいところです。今回のケースでは、最初に役員給与を高く設定しすぎ、会社にお金がなくなってしまいました。事業計画を作成し、その計画に見合った報酬を設定することが大切です。

事例 39

減価償却について知らなかった

会社設立１年目ですが、事業は順調にいっており、１期目から利益が出そうです。ちょうどコピー機が欲しいと思っていたので、リースではなく購入することを検討しています。100万円のコピー機です。今期に100万円使ってしまえば、そのぶん税金も減りますし、来期からラクだと思いました。

しかし、顧問税理士に「減価償却が必要です。全額経費にはできませんよ」と言われてしまいました。

失敗のポイント

100万円のコピー機を購入したら、全額経費計上できると思っていました。原則として、10万円以上の資産を購入した場合は、資産計上し、減価償却が必要となります。減価償却とは、設備投資などにかかった費用を一定期間に配分する会計処理です。

正しい対応

減価償却の基本をおさえておきましょう。今回のケースでは、定額法・定率法それぞれの償却の仕方を理解したうえで、リースとどちらがいいか検討することになります。

[解説]

減価償却とは、設備投資などにかかった費用を一定期間に配分する会計処理のことです。

建物、自動車、パソコンやコピー機などの備品は、購入したときだけ効果があるのではなく、長い期間にわたって使用することができます。購入した年度のみの費用にしてしまうと、購入した年度は費用がかかりすぎ、翌年からは利益が出過ぎてしまって非合理的です。ですから、減価償却によって、その効果が及ぶ期間（＝耐用年数）に分けて費用計上していくのです。原則として10万円以上の固定資産を購入したときには、減価償却をしなければなりません。

減価償却の方法には二種類あります。

定額法

毎年、同じ「額」だけ減価償却します。毎年一定額が費用計上されます。

（取得価額－残存価額）÷耐用年数

定率法

毎年、同じ「率」で減価償却する方法です。償却費は初年度に高く、低減します。

（取得価額－前年までの償却費の合計額）×償却率

※ただし、定率法の償却率により計算した償却額が「償却保証額」に満たなくなった年分以後は、毎年同額となる（償却保証額とは、取得価額に当該資産の耐用年数に応じた保証率を乗じた額）。

平成24年4月1日以降に取得した償却資産は200％定率法（定額法償却率を2.0倍した定率法償却率とする方法）が適用されています（それまでは250％）。

耐用年数と償却率は、固定資産の種類に応じて定められています。

今回のケースでは、100万円のコピー機を購入しようとしていました。コピー機の耐用年数は5年（定額法償却率0.2、定率法償却率0.4）です。定額法、定率法により計算はそれぞれ次のようになります。

	1年目	2年目	3年目	4年目	5年目	残存価額
定額法	200,000	200,000	200,000	200,000	199,999	1
定率法	400,000	240,000	144,000	108,000	107,999	1

残存価額が1円となっているのは、帳簿に残しておくための備忘価額です。

どちらの計算方法で行うかは、税務署に「減価償却資産の償却方法の届出」を提出することによって決めることができます。この届出をしない場合は、法定償却方法で行うことになります。

なお、青色申告法人である中小企業等は、特例として30万円未満の減価償却資産（少額減価償却資産）について、取得価額の全額を損金にすることができます（ただし合計300万円が限度）。

事例 40

給与の支払の際に、所得税等を差し引くのを忘れた

会社を設立して８ヶ月になります。忙しくなってきたので、従業員を２名雇いました。給与を支払うことができるというのは嬉しいものですね。先月25日に、１ヶ月分の給与を支払ったのですが、所得税や社会保険料を差し引くのを忘れたことに気づきました。

失敗のポイント

給与支払時に、所得税等を差し引くのを忘れていました。今回のケースでは、「所得税」と「雇用保険料」を控除していなかったと考えられます（従業員が雇用保険の被保険者に該当している場合）。

正しい対応

給与から差し引くべきものについて確認しておきましょう。給与を支給する際には、所得税や住民税、社会保険料を控除する必要があります。また、ミスなくスムーズに給与支払ができるように、日にちを決めてフローを作成しておきます。

[解説]

給与は、毎月1回以上、一定の期日で支払う必要があります。この給与支払から、差し引くべきものがあります。

＜税金＞

・所得税

個人の所得にかかる税金。会社が個人の給与からあらかじめ差し引き、個人に代わって納める「源泉徴収制度」をとっている。

・住民税

前年の所得にかかる税金。市区町村から通知された「特別徴収税額通知書」にもとづき、毎月控除をする。

＜社会保険＞

・健康保険

病気や怪我の出費に対して自己負担を軽くする制度。大企業や企業グループは組合管掌健康保険に、中小企業等は協会けんぽに加入。保険料は、個人の報酬月額と保険料額表から算出。給与から天引きした額と会社負担分とを合わせて、当月分を翌月末までに支払う(介護保険、厚生年金保険も同様)。

・介護保険

40歳以上になると加入し、保険料を徴収する。

・厚生年金保険

民間企業が加入する公的年金制度。老齢・遺族・障害に対して保障がある。

・雇用保険

労働者の生活と雇用の安定のための制度。失業時に失業手当(基本手当)を受給できる。保険料は、個人の給与に被保険者負担率(一般の事業は1000分の5)を掛けて算出する。雇用保険と労働者災害補償保険の保険料は、年度(4月から翌年3月まで)はじめにおおよその保険料を計算して申告納付し、翌年度のはじめに精算するかたちをとる。

給与の支払日には、「基本給など固定的な給与」に「残業手当、通勤手当等の変動的な給与」を加えた総支給額から、控除額合計を差し引いて支払います。

健康保険・(介護保険)・厚生年金保険については、入社月の翌月の給与から控除がスタートします。前月分の保険料を控除することになっているからです。雇用保険料は入社月から控除します。

今回のケースでは、初月の給与について控除を忘れたとのことですので、実際に漏れていたのは「所得税」と「雇用保険料」であると考えられます(住民税は、その従業員が前職を退職した時期等によります)。従業員に事情を説明して、翌月の給与で調整するなどしてください。

控除のミスは、従業員との信頼関係を崩しかねませんし、所得税を差し引くのを忘れた場合、会社が個人の税金を負担しなければならなくなってしまいます(会社が徴収義務者なので、個人に代わって納税しなくてはならない)。十分注意してください。

給与支給手続きは毎月のことですので、ミスなくスムーズに進めるために、日にちを決めて作業を行えるようにするといいでしょう。

給与支給手続きの流れ

1.出勤簿を締める

「毎月○日」のように決まった日を締日にし、1ヶ月間の従業員の勤怠をとりまとめます。

↓

2.基本給・諸手当を計算

基本給のほか残業手当、通勤手当等を計算します。

↓

3.控除額を計算

総支給額が決まったら、そこから社会保険料の控除額・源泉徴収額を計算します。

↓

4.給与明細書を作成

従業員に渡す給与明細書や、給与台帳を作成します。

↓

5.銀行振込の手続き

金融機関への振込で給与を支払う場合は、差引支給額を振り込む手続きをします。現金で支払う場合は現金を用意します。

↓

6.給与支払

一定の給料日に支払います。従業員には給与明細書を渡します。

事例 41

扶養控除申告書をもらい忘れていた

会社を設立し、従業員を５名ほど雇っています。源泉所得税は安いほうの「甲欄」で計算し、天引きしています。数ヶ月経ってから、従業員の１人に「扶養控除申告書を出していない気がするんですが」と言われました。その従業員は扶養家族がいるとのことです。

確かに、扶養控除申告書という書類はもらい忘れていたようです。

失敗のポイント

「扶養控除申告書」を提出してもらうのを忘れていました。

「扶養控除申告書」がある場合に、「源泉徴収税額表」の甲欄（安い税率）を使用して源泉所得税を算出します。源泉所得税は扶養家族の人数によっても変わりますので注意してください。

「扶養控除申告書」がない場合は、乙欄（高い税率）で算出しなければなりません。

正しい対応

「扶養控除申告書」は、従業員が所得税の控除を受けるために必要な書類ですので、すぐに全員から提出してもらってください。本来は給与を支払う日の前日までに提出してもらう必要があります。忘れないように、雇い入れたらすぐに提出してもらうといいでしょう。そして、会社に保管しておきます。

[解説]

「扶養控除申告書」は、最初に給与を支給する日の前日までに提出してもらわなければなりません。

扶養控除申告書の用紙は税務署にあります。国税庁のホームページからダウンロードすることもできます。

扶養控除申告書には、扶養家族の氏名や年齢、障害者の有無などの項目があり、それによって所得税は変わってきます。会社は、従業員が提出した扶養控除申告書に記載された扶養家族の人数と、給与の額とを「源泉徴収税額表」にあてはめて、給与から差し引く所得税の額を算出します。

源泉徴収税額表には、「月額表」「日額表」「賞与に対する源泉徴収税額の算出率の表」の3種類があります。給与を毎月支払う場合は月額表を使います。

税率には主として甲欄（安い税率）と乙欄（高い税率）があり、「扶養控除申告書」がある場合には甲欄で計算します。この書類がない場合は、乙欄で計算します。

今回のケースでは、「扶養控除申告書」がないまま「甲欄」で源泉所得税の額を算出していたとのことですが、「扶養控除等申告書」の提出がない場合には、原則的には、「乙欄」での計算となりますので、すぐに全員から提出してもらってください。

また、正社員はもちろん、パート・アルバイトであっても、扶養控除申告書は忘れずに提出してもらいましょう。この書類がないと、どんなに少額な給与でも最低3％程度の所得税を徴収しなければなりません。

扶養控除申告書は従業員に提出してもらったら、会社に保管しておきます。申告書の提出期限の属する年の翌年1月10日の翌日から7年間保存する必要があります。

事例 42

源泉所得税の納期の特例について知らなかった

従業員４名を雇っています。毎月、従業員の給与から所得税を源泉徴収し、翌月１０日までに銀行に行って納付していますが、忙しいときは銀行に行く時間をつくるのが大変です。納付が遅れると罰金があると聞いています。罰金は払いたくありませんから、納付期限は守っていますが、もう少し手間が省けないものでしょうか。

失敗のポイント

源泉所得税の納期の特例について知りませんでした。従業員１０名未満の会社は、あらかじめ税務署に届出をすることにより、納期の特例の適用を受けることができます。半年分をまとめて納付できるので、手間が省けます。

正しい対応

「源泉所得税の納期の特例の承認に関する申請書」を税務署に提出します。納付の特例が適用されるのは、申請書を提出した翌々月からですので注意してください（申請書を提出した翌月に源泉徴収する所得税＝翌々月に納付する所得税から適用）。

［解説］

源泉所得税は、原則として給与を支払った月の翌月10日までに納めなければなりません。ただし、従業員が10人未満の会社は、あらかじめ税務署に届出をすることにより、源泉徴収した所得税を半年分まとめて納付することができます。これを「源泉所得税の納期の特例」といいます。1～6月までに源泉徴収した所得税の納付期限は7月10日、7～12月の分は翌年1月20日が納付期限です。

納期の特例の適用を受けるためには、「源泉所得税の納期の特例の承認に関する申請書」を税務署に提出します。申請書を提出した翌月に源泉徴収する所得税から適用になります。提出した月に徴収した所得税は、原則通り翌月10日までに納めなければなりませんので注意してください。

源泉所得税は、納付期限までに納めないと「不納付加算税」と「延滞税」という2つの罰金が課せられます。

不納付加算税

預かった税金の10%(税務署から指摘を受ける前に自主的に納付した場合は5%)

延滞税

納付期限の翌日から2ヶ月間は年7.3%、それ以降は年14.6%

毎月の納付の手間を省くため、早めに申請書を提出して納付の特例を受けましょう。

なお、弁護士、税理士、司法書士等の報酬に係る源泉所得税は、納期の特例の対象ですが、デザイン料や原稿料等その他に係る源泉所得税は対象になりません。たとえ納期特例の適用を受けていたとしても、支払った月の翌月10日までに納付する必要があります。

事例 43

年末調整で還付金が多く発生し、納税額がなかったので放置した

従業員10名の会社です。設立1年目で、はじめて年末調整をしました。従業員に対して還付金が発生（30万円）しましたが、12月に徴収した税額（20万円）では足りません。そこで、差額は会社が立て替えることにしました。還付金は12月の給与に加えて振り込みました。

1月は納税額がないということなので、とくに納付書を提出することはなく、そのまま放置してしまいました。

失敗のポイント

１月は納める源泉所得税がなかったので、放置してしまいました。還付額のほうが大きく、納めるべき所得税がなくても、納税額ゼロの納付書を提出する必要があります。従業員から所得税を源泉徴収し、還付金を会社が立て替えて還付したという事実は税務署にはわからないので、放置するのは適切ではありません。

正しい対応

納税額がゼロの場合も、納付書を提出する必要があります。この場合、金融機関では受け付けてもらえませんので、税務署に直接（郵送も可）提出します。

会社で立て替えた還付金は、翌月の源泉所得税で調整します。今回のケースでは、10万円を会社が立て替えています。翌月の源泉所得税が20万円だとすると、差し引き10万円を納めることになります。

[解説]

会社は、毎月給与の支払の際に、従業員の所得税を源泉徴収することになっています。この毎月徴収した税額の1年間の合計額と、各従業員の給与総額に対して納めなければならない年税額は、ほとんどの場合一致しません。そこで、1年間の給与総額が確定する年末にその年に納めるべき所得税を再計算し、今まで徴収した税額との過不足を算出します。不足分は徴収し、超過分を還付することになります。この精算の手続きを「年末調整」といいます。

年末調整は、原則としてすべての従業員について行いますが、以下の人は対象になりません。

①年の中途で退職した人

②給与の年収が2,000万円を超える人

③扶養控除申告書を提出しない人

年末調整の大まかな流れは次のようになります。

1.各種控除申告書を従業員から回収する

「扶養控除等（異動）申告書」「保険料控除申告書兼給与所得者の配偶者特別控除申告書」「住宅借入金等特別控除申告書」を回収します。

2.従業員から回収した書類をチェックする

書類に不備がないか確認し、生命保険料控除等の控除額を計算します。

3.1年間の給与総額・徴収税額を確定させる

1年間に支給した給与・賞与等の総額と、毎月徴収した税額を確定させます。

4.年税額を計算する

給与総額から給与所得控除や扶養控除、生命保険料控除等の控除額を差し引き、「課税所得金額」を出します。千円未満を切り捨て、「所得税額の速算表」にあてはめて年税額を算出します。

5.源泉所得税額と年税額の過不足を計算する

すでに源泉徴収した所得税額と、4で計算した年税額との過不足を計算します。源泉徴収した所得税額のほうが多ければ、その金額を還付し、足りない場合は不足額を徴収します。

所得税額の速算表

課税される所得金額	税率	控除額
195万円以下	5%	0円
195万円を超え　330万円以下	10%	97,500円
330万円を超え　695万円以下	20%	427,500円
695万円を超え　900万円以下	23%	636,000円
900万円を超え　1,800万円以下	33%	1,536,000円
1,800万円超	40%	2,796,000円

還付金が納税額より多い場合

従業員への還付金ですが、12月に支払う給与から預かった源泉所得税を財源にして、従業員に支払います。そして、残額を翌年1月10日までに支払えばよいことになります。

それでは、12月に徴収した税額よりも還付金のほうが多い場合はどうするのでしょうか。

この場合は、いったん会社が立て替えて従業員に還付金を支払うか、翌月の源泉徴収税額が発生するまで還付を待ってもらって相殺するかします。いったん会社が立て替えた場合、1月の納税額はありませんが、超過税額としてマイナスの数字を記載した納付書を税務署に提出する必要があります。「差引納税額」はゼロなので、金融機関では受け取ってもらえません。税務署の窓口に持参するか郵送で提出することになります。

会社が立て替えた金額の精算は、翌月の納税額から差し引くことで行います。

事例 **44**

会計帳簿の作成に手が回っていない

会社を設立して、あっというまに４ヶ月が経ってしまいました。従業員は３名で全員が営業職です。給与計算等の事務処理は、社長である私がやっています。請求や支払いはなんとかやっているものの、経費の精算や帳簿の作成は手が回っていない状態です。決算まではまだ時間があるので、直前までにはなんとかしたいと思っています。

失敗のポイント

社長自身が経理処理をやっていますが、手が回っていません。経費の精算をせずに溜めてしまうと、何に使ったものかわからなくなったり、領収書を紛失したりするおそれがあります。決算まで時間があるとはいっても、早めに記帳代行や会計ソフトの導入等を検討したほうがいいでしょう。

正しい対応

会計事務所に記帳代行を依頼するか、会計ソフトを使って自社で記帳をするか検討し、早めに対応します。会計帳簿の作成は、経営状態を把握するために重要なものです。

[解説]

日々の取引を記録し、帳簿を作成するのは税務申告のためだけではありません。経営状態を把握するために必要なことです。しかし、専門知識がなかったり、なかなかそのための時間がとれなかったりして、後回しにしてしまうケースもあるようです。

会計帳簿を会計事務所に依頼して作成してもらうことを「記帳代行」と呼んでいます。領収書や請求書等を送り、それをもとに帳簿を作成してもらうのです。仕訳をするにはある程度専門知識が必要なこともあり、これまでは多くの中小企業が記帳代行を依頼していました。ただ、最近は使いやすい会計ソフトが増えているので、記帳はソフトを使って自社で行っているところも増えています。会計帳簿の作成を自社で行うことを「自計化」と呼びます。簿記の知識があまりなくても、最初に入力の仕方を覚えてしまえば、それほど難しくありません。会計帳簿の作成過程に関与することで、自社の経営数値に対する感覚が養われるのはメリットです。

会計ソフトの選び方や、入力の方法で難しく感じることがあれば、税理士に相談してみてください。最初は税理士に記帳の仕方について指導を受けるというのでもいいでしょう。もちろん、記帳代行の依頼も選択肢です。

いずれにしても、記帳しないまま長いこと放置をするのは良くありません。経営状態を把握することができませんし、領収書等を紛失したりするおそれもあります。早めに対応を検討してください。

事例 45

契約書を作成することなく、取引を開始する

精密機械を製造する、従業員10名の会社です。知り合いを通じて、大口の発注がありました。これまで、小口の取引が多かったので、とくに契約書なしでやってきましたが、今回は金額が大きいので契約書を作成したほうがいいのかどうか悩んでいます。紹介者もいるので、信用はできると思うのですが…。

失敗のポイント

契約書を作成せずに取引をしていました。売買契約は口頭でも成立しますが、契約内容を明確にし、トラブルを防ぐためにも契約書を作成したほうがいいでしょう。約束した金額が支払われなかったり、数量や仕様に相違があったりした場合、口頭の約束では証明が難しくなります。

契約書を作成し、両者で１通ずつ保管します。契約書は、税務調査の際に開示を求められることもあります。法務上のみならず税務上も重要な書類になるのです。ここでは一般的な契約書の構成や注意点について確認しておきましょう。

[解説]

契約とは2人以上の当事者の意思表示の合致によって成立する法律行為です。

契約の中には、契約書を作成しなければ成立しないものもあります。たとえば連帯保証契約は書面で契約を結ばなければ成立しません。このように、一定の方式を満たしてはじめて成立する契約を「要式契約」といいます。一方、とくに方式を必要としていない契約を「不要式契約」といいます。

ビジネス上の契約の大半は、「不要式契約」で、必ずしも書面を必要としません。口頭であっても、法的には契約が成立します。

とはいえ、契約書がないことは企業にとってリスクです。契約の存在そのものを含めて、証明することが困難だからです。ある条件でお互い合意したと思っても、あとから「そんな話は聞いていない」「別の条件だと思っていた」ということになればトラブルになります。約束した代金を支払ってもらえなかったり、違う商品が納品されたりしても、契約の成立や内容を証明することができずに、泣き寝入りせざるをえないケースもあります。

また、契約書は税務調査の際にも開示を求められることがあります。法務上のみならず、税務上も重要な書類なのです。

契約書がないことによるデメリットは大きく、それに対してメリットは契約書作成のためのコストがおさえられるといったことくらいです。契約書を準備するに越したことはありません。

一般的に、契約書は「標題、前文、本文（約定事項）、末文、日付、契約当事者の表示」で構成されます。標題としては「契約書」「覚書」「念書」等がありますが、書面の内容が当事者の合意である限り、どのような標題を用いても契約書であることに変わりはありません。

契約当事者の表示では、「署名」または「記名捺印」が必要になります。「署名」と「記名捺印」の法律上の効力は同じです。

課税文書である契約書には、印紙税法にもとづき、印紙を貼付・消印をすることが必要です。本来貼るべき収入印紙を貼っていなかったり、金額が不足していたりすることが発覚した場合、納付しなかった印紙税の3倍の過怠税（自主的に申し出た場合は1.1倍）が課税されますので注意が必要です（印紙がなくても契約そのものは無効になりません）。税務調査の際には、印紙についてもチェックされる可能性が高いです。

収入印紙

業務委託基本契約書

株式会社○○○○（以下、甲という）と株式会社○○○○（以下、乙という）とは、甲と乙の間の××××に関連する業務について、以下のとおり業務委託基本契約（以下、本契約という）を締結する。

第１条（目的）

本契約は、甲が乙に対して発注する本業務に関する取引について、その基本条件を定めたもので、契約の履行に当たっては、甲、乙ともに信義に則り誠実にこれを履行するものとする。

第２条（個別契約）

1.本契約は、甲と乙との間の本業務の取引契約に関する基本的事項を定めたものであり、甲乙協議して定める個々の取引契約（以下、個別業務という）に対して適用する。甲並びに乙は、本契約及び個別契約を守らなければいけない。

2.甲及び乙が個別契約において本契約の一部の適用を排除し、または本契約と異なる事項を定めた場合、本契約の定めにかかわらず個別契約の定めによるものとする。

第３条（業務委託料）

1.××××の委託業務の対価として、個別契約において業務委託料を定めることとし、甲は乙に対して、この業務委託料及びこれに対する所定の消費税を支払う義務を負う。

2.支払いは乙の指定口座へ甲が振込手数料を負担した上で支払うものとする。

第４条（業務指導）

甲は乙に対し、委託業務の遂行上必要な指導を行う。ただし、甲の乙に対するこの指導は委託業務の遂行に必要な範囲に限り無償で行うこととし、甲は、この指導に基づく損害賠償などの一切の責任を負わない。

第5条（機密保持）

1.乙は、本契約及び個別契約履行中に知り得た甲及び甲の顧客等に関する機密情報を、理由、目的の如何を問わず第三者に開示または漏洩してはならない。

2.前項の規定は、本契約終了後も有効に存続する。

第6条（権利の帰属）

1.業務従事者の作業の結果、作成された成果物の所有権・著作権は全て甲に帰属するものとする。

2.乙及び業務従事者は、甲の書面による承諾なしに成果物の全部ないし一部およびその複製物を所有し、利用することはできない。

3.乙及び業務従事者は、成果物の内容を第三者に漏えいしてはならない。

第7条（再委託の禁止）

乙は委託業務の全部または一部の遂行を第三者に再委託してはならない。ただし、個別契約書に定めた業務従事者についてはこの限りでない。

第8条（損害賠償）

1.甲または乙は、本業務の履行に関して故意、または過失により本契約に違反し、相手方に損害を与えた場合、損害内容を書面にて相手方に通知し、その損害が正当である場合、当該損害賠償を請求できるものとする。

2.甲または乙のいずれかに、天変地異・風水災害等、不可抗力に該当する事態が発生した場合、直ちにその旨を相手方に通知し、適切な措置を取るべく、協議を行うものとする。

3.乙は前項以外の事由により業務の遂行に支障が出るおそれが生じた場合においても、直ちに甲に連絡するとともに、業務の遂行に支障をきたさないよう最善の措置を講ずる義務を負う。

第9条（甲の個別契約の中途解除）

甲は、甲にやむを得ない事由があるときは、個別契約を中途解約することが出来る。

第10条（本契約の解除）

1.甲または乙は、本契約の期間中であっても、1ヶ月の予告期間を設けて書面で通知することにより、本契約を解除することが出来る。

2.甲は、前項の定めにかかわらず、甲または乙が次の各号のいずれかに該当する場合、催促その他の何らかの手続きを要せず、相手方に対し、文書による通知を以って、直ちに本契約及び個別契約の全部または一部を解除することが出来る。

(1) 正当な理由なく、基本契約または個別契約を履行しないか、または履行の見込みがないとき
(2) 金融機関から取引停止処分を受けたとき
(3) 差押、仮差押、仮処分、強制執行または競売の申し立てがあったとき
(4) 破産、会社整理開始、会社更生手続開始もしくはこれらに類する手続きの申し立てがあったとき
(5) その他、乙の信用に対する不安が生じたとき

第11条（契約期限）

本契約の有効期限は、　　年　月　日から1年間とし、甲乙いずれか一方より期間満了 1ヶ月前までに書面による契約終了の申し出のない限り、さらに1年間延長し、以後も同様とする。

第 12条（協議）

本契約に定めのない事項及び協議の生じた事項については、甲乙誠意を以って協議し解決する。

第13条　協議および管轄裁判所について

本契約に関する一切の訴訟は、○○地方裁判所を管轄裁判所とする。

以上、本契約の成立を証するため、本書二通を作成し、署名捺印の上、各自一通 を保有する。

平成○年○月○日

甲 住所

会社名　　　　　　　　○○株式会社

氏名　　　　　○○　　　○○　　　　　　　　印

（乙）　住所

会社名　　　　　　　　△△株式会社

氏名　　　　　△△　　　△△　　　　　　　　印

事例 46

証憑書類を保存していない

設立１年目の会社です。数ヶ月前に、取引先の会社から請求書がメール添付で送られてきました。振込の際に必要だったのでプリントアウトしましたが、振込処理が終わったら捨ててしまいました。このときは、電子データがあるから大丈夫だという軽い気持ちでした。その後しばらくたってから、その請求書を探したのですが、メール自体を削除してしまったようで見つかりません。

請求書を保存していないことは問題がありますか。

請求書をきちんと保存していませんでした。請求書は税法上、７年間の保存義務があります。原則として紙による保存が必要とされていますので、プリントアウトしたものを保管しておくべきでした。

正しい対応

電子データ自体を紛失してしまったので、相手先に連絡して再発行してもらってください。そして、7年間保管します。そのほか、保存が義務付けられている書類について確認しておきましょう。

[解説]

会社にはさまざまな書類があり、その保存期間は会社法や法人税法、労働基準法等によって定められています。ここでは会計関連の書類の保存期間について確認しておきましょう。

帳簿および決算書等の財務諸表については会社法で10年間の保存が義務付けられており、請求書等その他の証憑書類は税法で7年の保存と決められています。

区分	例示	保存期間	
		税法上	会社法上
帳簿	総勘定元帳、現金出納帳、得意先元帳、仕入先元帳、固定資産台帳、売上帳、仕入帳	7年（*）	10年
決算書類	貸借対照表、損益計算書、棚卸表		
証憑書類	【現金・預貯金の出納】 領収書（及び控え）、預金通帳、当座照合表		10年 （事業に関する重要な書類に限る）
	【有価証券の取引関係】 小切手控、有価証券売買計算書		
	【その他の書類】 請求書、注文書、契約書、見積書		
	【棚卸資産関係の書類】 送り状、受領書、検収書、入出荷報告書		

*平成20年4月1日以後終了事業年度に生じた欠損金は、繰越期間が7年から9年に延長されている。欠損金の繰越控除の適用を受ける場合は、欠損金が生じた帳簿書類を保存していることが必要であるため、それにともなって保存期間も延びるので注意が必要

今回のケースでは請求書を紛失してしまいましたが、本来、請求書は7年間保存しておかなければなりません。プリントアウトしたものを保管しておくべきでした。

原則的な保存方法は、紙による保存です。パソコンで作成した書類はプリントアウトして保存します。ただし、あらかじめ税務署に申請書を提出すれば、一定の要件を満たす電子データによって残すこともできます。

なお、期限が過ぎた書類の処分ですが、不用意に通常のゴミと一緒に出しては問題になるおそれがあります。シュレッダーにかけるのが大変であれば、溶解処分をしてくれる業者を探して依頼するといいでしょう。

事例 47

雇い入れた従業員と労働契約を結んでいなかった

都内に事務所を借りて、セミナー事業の会社を設立しました。登録講師が増えてきて、事務系の仕事に手が回らなくなっていたところ、知人の息子が仕事を手伝ってくれることになり、書面のやりとりや面接等もなく迎え入れました。基本的に平日は毎日来てもらい、給与は時給で支払うことを伝えていました。条件は悪くないつもりでした。

しかし、約１ヶ月後のある日、事務所に行ってみたら「私は労働契約を結んでいません」という書き置きを残して彼はいなくなっていました。それ以降、連絡がついていません。

失敗のポイント

きちんと入社の手続きをしていなかったようです。従業員を雇い入れる際には、書面にて労働条件を明示する必要があります。そして、トラブルを避けるためにも「雇用契約書」を交わしておくことが大切です。

正しい対応

入社前に労働条件を丁寧に説明し、「雇用契約書」を交わします。契約期間や業務内容、労働時間について等、一定の事項については必ず書面によって知らせなければなりません。

[解説]

従業員を雇い入れる際には、労働条件を明示し、合意のうえで労働契約を結ぶことが大切です。「そんな条件は聞いていない」「聞かされていたものと違う」といったトラブルになりやすいので、あいまいにすることはできません。労働基準法第15条では、会社に労働条件の明示を義務付けています。

明示すべき事項には、書面にて明示しなければならない「絶対的明示事項」と、口頭でもよい「相対的明示事項」があります。相対的明示事項は、就業規則等で定めがある場合にのみ明示すればよいことになっています。

厚生労働省のホームページから「労働条件通知書」の書式をダウンロードできますので、漏れなく明示するために活用するといいでしょう。

絶対的明示事項

・契約期間
・就業の場所および従事する業務の内容
・始業・終業の時刻、所定労働時間を超える労働（早出、残業など）の有無、休憩時間、休日、休暇および交替制勤務をさせる場合は就業時転換に関する事項
・賃金の決定、計算・支払いの方法および賃金の締切り・支払いの時期に関する事項
・退職に関する事項（解雇の事由を含む）

※昇給に関する事項は書面の交付は義務付けられていない

相対的明示事項

・退職金に関する事項
・臨時に支払われる賃金、賞与、最低賃金に関する事項
・従業員に負担させる食費、作業用品その他に関する事項
・安全・衛生に関する事項
・職業訓練に関する事項
・災害補償、業務外の傷病扶助に関する事項
・表彰、制裁に関する事項
・休職に関する事項

この規定によって明示した労働条件と、実際の労働条件が違った場合、労働者は即時に労働契約を解除することができます。

これらの労働条件を通知するには、「労働条件通知書」を渡して説明をするか、「雇用契約書」によって合意をえます。トラブルを避けるためには「雇用契約書」を交わすのが望ましいでしょう。雇用契約書には、本人の承諾の証として捺印してもらいます。そして、1通ずつ持つようにします。単に契約書を交わすだけでなく、労働条件を丁寧に説明することも大切です。

事例 48

パートタイマーを社会保険に加入させていない

営業代行の会社を設立しました。社員は３名、パートタイマーが２人です。パートタイマーは週４日、１日７時間で残業はありません。社員は社会保険に加入させていますが、パートタイマーは加入させていません。「社会保険は社員の特権だから」と話して、本人たちも納得しているようです。雇用保険も同様です。

パートタイマーだからという理由で、社会保険・雇用保険に加入させていませんでした。加入の要件を満たしている場合は、アルバイト・パートタイマー・準社員等の名称や本人の希望にかかわらず、加入させる必要があります。

正しい対応

今回のケースでは、週４日、１日７時間の労働（週の所定労働時間28時間）ということですので、社会保険・雇用保険ともに被保険者の要件を満たすと考えられます。被保険者となる者を雇った場合は、それぞれ必要書類を提出しなければなりません。そのほか社会保険・雇用保険の適用の要件について確認しておきましょう。

［解説］

事例27（スタッフを社会保険に加入させるため、法人成りするしかないと思った）でも解説しましたが、法人は社会保険（健康保険・厚生年金保険）への加入が義務付けられています。そして、適用事業所に常時雇用される人は、国籍・性別・賃金の額などに関係なく、すべて社会保険の被保険者となります。ただし、70歳以上の人は原則として健康保険のみに加入します。

パートタイマーやアルバイトについては、同じ事業所で働く一般の社員の労働日数、労働時間等を基準に判断し、次の両方を満たしている場合は被保険者となります。

①1ヶ月の所定労働日数が一般社員の概ね4分の3以上

②1日または1週間の所定労働時間が一般社員の概ね4分の3以上

たとえば、正社員の1日の所定労働時間が8時間、1ヶ月の所定労働時間が20日間とすると、1日6時間で月に17日働くパートタイマーは社会保険適用となります。ただし、この基準はあくまでも一つの目安であって、これに該当しない場合でも、就労の状況を総合的に判断した結果、被保険者となる場合もあります。

社会保険適用の要件を満たす人を雇ったら、5日以内に「健康保険・厚生年金保険被保険者資格取得届」を年金事務所に提出します。

<適用除外>

適用事業所に雇用される場合であっても、次の者は被保険者になりません。

1. 臨時に日々雇用され、1ヶ月を超えない者
2. 2ヶ月以内の期間を定めて使用される者
3. 所在地の場所が一定しない事業に使用される者
4. 4ヶ月を超えない季節的業務に使用される者
5. 臨時的事業の事業所に6ヶ月を超えない期間使用される者

雇用保険については、次の2つの要件に該当すれば、パートタイマー・アルバイトも原則として被保険者となります。

①1週間の所定労働時間が20時間以上

②31日以上の雇用見込み

雇用保険の被保険者となる要件を満たす者を雇ったら、入社日の属する月の翌月10日までに、所轄のハローワークに「雇用保険被保険者資格取得届」を提出します。

<適用除外>

労働者が次に該当する場合は、雇用保険の被保険者となりません。

1. 法人の代表取締役および同居の親族

2.法人の取締役、監査役

3.入社時点で既に65歳を超えている者

4.1週間の所定労働時間が20時間未満である者

5.入社後継続して31日以上雇用される見込みがない者（その後31日以上雇用されることが見込まれるときは、その時点から適用）

6.昼間学生

7.短時間労働者で季節的に雇用される者、4ヶ月以内の季節的事業に雇用される者

8.船員保険の被保険者

9.国、都道府県、市町村等の事業に雇用される者

従業員を雇ったときに提出する書類

	必要な書類	期限	提出先
社会保険	健康保険・厚生年金保険被保険者資格取得届	資格取得日から5日以内	所轄年金事務所
	健康保険被扶養者（異動）届（国民年金第3号被保険者関係届）		
雇用保険	雇用保険被保険者資格取得届	資格取得日の翌月10日まで	所轄公共職業安定所

事例 49

法人の決算申告を自分で行おうとする

個人事業で３年間やったあとに法人成りをしました。個人事業のときは専門家に依頼することなく自分で確定申告をしていました。ある程度の簿記の知識はあるので、会社の決算も自分でやってみようかと思っています。個人も法人もそれほど変わりませんよね。

失敗のポイント

法人の税務申告は、個人の確定申告とは比べ物にならないくらい手間と時間がかかります。期限までに納税できなかったり、申告が間違っていたりすると、別途課税される罰則的な税金もありますので注意が必要です。

正しい対応

自社で決算業務～申告・納税まで行う場合は、時間的な余裕を持って取り組みましょう。ここでは決算申告の流れについておさえておきます。

[解説]

決算とは、その事業年度の取引をすべてまとめて決算書を作成し、帳簿を締め切る手続きです。これにより、納めるべき税金の額が確定します。主な税金は「法人税」「法人住民税」「法人事業税」「消費税」です。これらは申告納税制度が採用されていますので、会社自らが課税対象となる所得金額と税金を計算し、税務署等に申告をしなければなりません。

申告と納付の期限は、その会社の事業年度終了の日の翌日から2ヶ月以内と定められています。3月決算の会社であれば、5月31日が申告期限となります(期限日が、土日祝日である場合は、これらの日の翌日)。

青色申告法人の欠損金額の繰越控除等、申告期限内に申告書を提出しなければ利用できなくなってしまう特典が数多くありますので、必ず期限内に申告書を提出しましょう。期限までに決算が確定しない場合には、別途申請書を提出することによって申告書の提出期限を1ヶ月延長することはできます(法人税、法人住民税、法人事業税のみ)が、税金の納付期限の延長は認められていません。納税は納付期限までに済ませる必要があります。

申告書の提出先と期限

科目		提出先	提出期限	納付期限
法人税		税務署	その事業年度終了日の翌日から2ヶ月以内	同左
消費税		税務署		
法人住民税	都道府県民税	都道府県税事務所		
	市町村民税	市町村		
法人事業税		都道府県税事務所		

決算から申告までの流れは次のようになります。

試算表作成

各勘定科目の残高を集計したものを「試算表」といいます。期中の取引が正しく記録されているか検証するため、試算表を作成します。

↓

決算整理

正確な「損益計算書」「貸借対照表」を作成するため、いくつかの修正仕訳が必要になります。減価償却、売上原価の計算などを行います。

↓

決算書の作成

帳簿を締め切り、今期の「損益計算書」「貸借対照表」を作成します。

↓

税務申告書の作成

法人税の税務申告書は、決算報告書・勘定内訳明細書・税務申告書で1セットです。他の税金は基本的に税務申告書のみです。申告書は管轄の税務官庁から送られてくるほか、窓口でも入手できます。

↓

申告書提出・納税

期限までに申告書を提出し、納税します。申告書は2部作成し、1部を提出します。控えの1部には税務署等の受領印を押してもらい、大事に保管しましょう。

法人の税務申告は、個人の確定申告とは比べ物にならないくらい、手間と時間がかかります。期中における記帳・会計管理は自社でやっている会社でも、決算業務〜申告については税理士に依頼することが多いです。自社で行う場合は、十分に時間に余裕を持ってスケジュールを組む必要があるでしょう。ペナルティがありますので、期限は必ず守るようにしてください。

事例 **50**

税金を支払うための資金を準備していなかった

1期目の決算業務がなんとか終わろうというところです。思ったよりも利益が出て、税金を納める必要があります。80万円です。しかし、仕入れ等にお金を使ってしまって、今は手元にそれだけの資金がありません。税金を支払うために資金繰りを考えなくてはならないとは思いませんでした。

失敗のポイント

納税額分の現金を準備していませんでした。納付の期限は、事業年度の終了日翌日から2ヶ月以内です。期限までに資金を調達しなければなりません。

正しい
対応

利益と手元にある現金とは一致しないことが多いため、税金を支払うためのお金がないということはあり得ます。あらかじめ納税額を計算し、予算に組み込んでおくことが大切です。目安は利益の30～40％です。

[解説]

法人の申告・納税は、原則としてその事業年度終了日翌日から2ヶ月以内に行わなければなりません。このとき、納付に合わせて、税金分の現金を用意しておく必要があることに注意しましょう。

法人税は利益に応じて計算されるものですが、ほとんどの場合、利益と手元の現金は一致しません。売掛金は回収しなければ自由に使える資金にはなりませんし、減価償却資産は、現金が多く出ていっているのに対し、費用計上が少なくなっています。ですから、利益が出ているのに税金分の現金がないということは起こり得ます。資金が足りず、調達もできないとなれば、最悪の場合「黒字倒産」もあり得るのです。各種納税額はあらかじめ計算し、予算に組み込んでおくことが大切です。

法人が所得に応じて負担すべき税金には「法人税」「法人住民税」「法人事業税」があり、それぞれ率は違いますが、これらを合わせた実質的な税率を「実効税率」と呼びます。

実効税率は以下の式で求められます。

実効税率＝{法人税率×（1＋住民税率）＋事業税率}÷（1＋事業税率）

※2014年現在の税制では、復興特別法人税と地方法人特別税が加わりますが、ここでは除いて考えています。

事業税は、支払った年度の費用として利益から控除できることになっています。

実効税率は、本社の所在地や資本金の額によって変わってきますが、目安は利益の30～40％です。税金の納付の頃に、それだけの現金を準備できるようにしておきましょう。

事例 51

事業年度が1年未満のときの注意点を失念していた

会社設立１期目の決算を迎えるところです。納税のために現金を用意しておく必要があるので、法人税がいくらになるか、だいたい計算しておきました。しかし、実際は予想よりも高い税額となりました。繁忙期を避けて決算期を設定したため、初年度は９ヶ月だったのですが、これを忘れていたためです。事業年度が１年未満の場合は、一括償却資産の計算等いくつか月数で考えなくてはならないものがありました。

失敗のポイント

事業年度が１年未満の場合の決算留意事項について失念していました。設立初年度は事業年度が１年未満であることが多く、通常の計算とは違うものがあります。法人税の軽減税率の適用となる額や交際費の損金算入限度額も変わりますので注意しましょう。

正しい対応

一括償却資産とは、10万円以上20万円未満で、３年間で均等に償却する方法を選んだ場合の資産のことです。事業年度が１年であれば、３分の１が費用になりますが、事業年度が１年未満の場合は

取得価額×事業年度の月数／ 36ヶ月

で計算します。

そのほか、事業年度が１年未満の場合の決算について、注意事項をおさえておきましょう。

[解説]

会社設立初年度は、事業年度が1年に満たない場合が多いため、通常の決算業務よりも注意すべき点が増えます。

1.法人税の軽減税率が適用できる課税所得

中小法人(資本金1億円以下の法人)は、法人税の軽減税率が適用されます。年間800万円までの所得に対しては、15%(通常は25.5%)の税率で計算されるのです。

事業年度が1年に満たない場合は、

800万円×事業年度の月数/12

で計算した額になります。今回のケースで言えば、800万円×9/12ヶ月=600万円ですから、600万円までの所得について軽減税率が適用されます。

2.交際費の定額控除限度額

中小法人は、交際費について年間800万円までは全額を損金に算入することができます。

事業年度が1年に満たない場合は、

800万円×事業年度の月数/12

で計算した額が限度額となります。今回のケースでは、1の計算と同じように600万円までは全額損金算入できることになります。

3.減価償却

減価償却費は通常以下の計算式で計算します。

取得価額×償却率×実際に使った月数/12

事業年度が1年未満の場合、償却率が変わって、

償却率×当期の月数／12

で計算されます(改定償却率)。

さらに、月数按分もする必要があるので、次の式で計算します。

取得価額×改定償却率×事業の用に供した日から期末までの月数／事業年度の月数

4. 一括償却資産

減価償却の対象となる資産の取得価額が10万円以上20万円未満のものは、3年間で均等に償却することができ、これを「一括償却資産」といいます。

償却費は次の式で計算されます。

一括償却資産の取得価額の合計額×事業年度の月数／36

5. 少額減価償却資産の特例の限度額

青色申告法人である中小法人は、少額減価償却資産の特例により、取得価額が30万円未満の備品等について一括で損金算入することができます。この特例には限度額があり、年間300万円までと決められています。事業年度が1年未満の場合、限度額は次のように計算されます。

300万円×事業年度の月数／12

事例 52

消費税の還付が受けられなかった

資本金500万円の会社です。設立初年度が終了し、決算業務に追われているところです。1期目は、設備投資に多額のお金を使ったこともあり、赤字となりました。

支払った消費税のほうが多い場合、還付を受けられると知人に聞きました。今は消費税免税事業者なのですが、還付は受けられるのでしょうか。

失敗のポイント

消費税の還付を受けられませんでした。支払った消費税のほうが多い場合に還付を受けることができるのは、原則課税を選択している課税事業者のみです。免税事業者は還付を受けることができません。

正しい対応

支払った消費税のほうが多く、還付を受けたい場合は、設立初年度が終了する前に課税事業者となることを選択します。ただし、一度選択すると２年間は課税事業者になりますので注意してください。

[解説]

消費税は、預かった消費税から支払った消費税を差し引いて計算するのが原則です。これを「原則課税」といいます。

消費税の納付税額
＝課税売上に係る消費税額－課税仕入れ等に係る消費税額

一見簡単そうなのですが、実際の取引には「課税取引」「非課税取引」「不課税取引」「免税取引」があり、これらをすべて区別して計算しなくてはならないのは大変です。そこで、基準期間の課税売上高5,000万円以下の事業者は「簡易課税」による計算を選択することができるようになっています。この方法では、預かった消費税の計算は原則課税と同じですが、支払った消費税を一切計算せず、預かった消費税に一定の率をかけて「支払った消費税額」とみなします。簡易課税方式を選択したい場合には、その選択したい課税期間開始日の前日までに「消費税簡易課税制度選択届出書」を提出する必要があります(設立事業年度は、その年度の末日まで)。一度簡易課税制度を選択したら、2年間は必ず適用させなければなりません。

さて、原則課税の場合、消費税の納付税額がマイナスになることもあります。今回のケースのように多額の設備投資をしたような場合、支払った消費税額のほうが多くなってしまうことがあるのです。そういうときは、差額分の還付を受けることができます。

ただし、消費税の還付を受けることができるのは、課税事業者であり、原則課税を選択している場合のみです。

資本金1,000万円未満の会社は、原則として2会計期間は消費税を免除される(特定期間の課税売上高が1,000万円を超えた場合、または、課税売上高に代えて給与等支払額の合計額により判定し、その合計額が1,000万円を超えた場合を除く)ため、支払った消費税が多かったとしても還付を受けることができません。そこで、消費税の還付を受けたい場合は、あえて課税事業者となる選択をすることがあります。その場合は事業年度の末日までに「消費税課税事業者選択届出書」を提出します(設立事業年度の場合、通常は適用を受けようとする年度初日の前日までに提出する)。

ただし、一度選択すると2年間は課税事業者となります。1年目は還付になっても、2年目は納付しなければならないかもしれません。判断は慎重に行う必要があるでしょう。

事例 53

開業費の節税メリットを生かしていない

初年度の決算をやっているところです。利益が1,000万円近く出たので、税金を支払う準備をしなくてはなりません。

設立は4月で、12月決算ですから今期は9ヶ月です。設立前からしっかり準備を進めており、営業を開始するために支払った費用（開業費）は約100万円でした。

開業費は5年間で均等に償却するという話を聞いたので、そのとおりにしているのですが、もっと節税はできないものでしょうか。

失敗のポイント

開業費の節税メリットを生かしていませんでした。開業費は原則として5年間で償却するのですが、任意償却も可能です。初年度の税負担をおさえたい場合、全額を損金算入するといいでしょう。

正しい対応

開業費はいつでも自由に償却することができるため、会社の損益に合わせて償却をすると節税になります。赤字の間は資産のまま残しておき、黒字になった期に損金算入することもできます。

[解説]

開業費は、会社法の「繰延資産」にあたります。繰延資産とは、会社が支出する費用で、その効果が1年以上にわたって及ぶものです。原則として、合理的な期間に分散して償却し、その間は資産として計上します。

繰延資産の償却額は、次の式で計算されます。

繰延資産の額×その事業年度の月数（支出事業年度は支出日から期末までの月数）／支出の効果の及ぶ期間の月数

開業費の償却期間は原則5年ですので、100万円の開業費で、今期が9ヶ月あるなら、100万円×9／60で15万円を償却できることになります。

会計処理は次のようになります。

（支払時）

開業費　1,000,000　／　現預金　1,000,000

（期末）

開業費償却　150,000　／　開業費　150,000

ただし、開業費は任意償却が認められているため、全額を損金算入することも可能です。設立初年度に利益が出ているときは、一括で損金にしてしまうのが一般的です。初年度の税負担をおさえることができます。

また、5年経過後は償却することはできないという定めはないので、赤字の間は償却せずに、黒字になった6年目や7年目に一括で償却するということも可能です。開業費はいつでも、開業費の額の範囲内で自由に償却することができるのです。

なお、会社設立のために支払った「創立費」も、開業費と同じように任意償却ができます。

事例 54

決算日が過ぎてから節税対策をしようとする

会社を設立して、なんとか1年目を終えることができました。かなり忙しく、会計管理がちゃんとできているとは言い難い状況です。帳簿付けは自社でやっていましたが、決算書・申告書の作成は難しかったので、税理士に依頼しました。

決算業務が始まって、思ったよりも利益が出ていることがわかりました。そこで、節税の方法を教えてほしいと言ったのですが、今からできることは少ないと言われてしまいました。

失敗のポイント

決算日が過ぎてから節税対策を行おうとしました。節税対策のほとんどは、事業年度が終了する前に実施する必要があり、早めに計画を立てなければなりません。

正しい対応

節税対策を行いたい場合は、早めに検討する必要があります。そのためにも、日頃から経営状態を把握し、決算日前に利益の予測を立てておきましょう。税理士への依頼も早めにすることをおすすめします。

ここでは、主な節税対策について見ておきます。

[解説]

節税対策のほとんどは、決算日が過ぎてから行おうとしても間に合いません。決算日が過ぎてから実施できるものは少なく、効果も小さいですから、節税対策をしたい場合は早めに経営状態を確認して、方法を検討する必要があります。

ここでは、主な節税対策について解説します。

先行投資

設備投資等を行って、利益を圧縮します。減価償却資産を購入した場合、全額を損金算入できないことに気を付けましょう。購入してから決算期までの期間が短ければ、それだけ償却できる金額も少なくなります。また、資金が流出するのでキャッシュフローが悪くなることに注意してください。

消耗品の購入

事務用消耗品や包装材料、広告宣伝用印刷物等を購入し、費用計上します。本来、消耗品等は購入した年度ではなく、消費した年度の費用として計上すべきものですが、在庫の管理業務が煩雑になるため、次の要件を満たしている場合は購入した年度の費用にすることができます。

1. 各事業年度ごとにおおむね一定数量を購入していること
2. 毎年経常的に消費するものであること
3. 毎年継続して、購入した年度の費用として計上すること

短期前払費用の特例

「前払費用」とは、継続的な取引について、まだサービスの提供を受けていないにもかかわらず支払を済ませている費用のことです。本来は支払時に資産計上し、サービスの提供を受けた時点で費用にすべきものです。ただし、地代家賃や保険料等、支払った日から1年以内にサービスの提供を受けるものについては、「短期前払い費用の特例」により、支払事業年度の損金算入が認められます。たとえば、期末に向こう1年分の事務所家賃を支払い、その全額を費用計上します。

未払費用の計上

決算期を過ぎてから実施することができる節税対策です。「未払費用」とは、すでに購入していたりサービスの提供を受けていたりするにもかかわらず、まだ支払が済んでいない費用のことです。その期にかかった費用はすべてその期の決算に反映させるのが原則ですので、原則通り費用計上するのです。たとえば公共料金や人件費、社会保険料等は未払費用になります。

そのほか、消費税の選択（事例53「開業費の節税メリットを生かしていない」参照）や創立費・開業費の償却（事例53「開業費の節税メリットを生かしていない」参照）等も対策の一つです。初年度から大きな利益が出そうで、節税対策をしたい場合には早めに税理士に相談するといいでしょう。

事例 55

おおまかな金額で「未払賞与」の計上をしようとした

設立１年目の会社です。まもなく１期目が終了します。予想していたより利益が出たので、従業員に還元してやる気を出してもらおうと思います。ただ、資金繰りの都合で、今すぐ支払うことはできません。来月か再来月あたりボーナスのかたちで出そうと思います。これは未払賞与なので、１期目の費用として計上でき、節税にもなると思うのですがどうでしょうか。おおまかな金額を費用計上しておいて問題ありませんか。

失敗のポイント

未払賞与として今期に計上できる要件を知りませんでした。

未払賞与とするためには、支給額、支給日を確定させ、各従業員に通知しなくてはなりません。支給日は決算日から１ヶ月以内である必要があります。

正しい対応

従業員ごとの賞与の額、支給日（決算日から１ヶ月以内）を決め、従業員に個別に通知をします。そして、未払賞与として１期目の費用に計上します。これらの要件を満たせば、節税することができます。

[解説]

業績が予想以上に伸びたとき、今後の従業員のモチベーションアップのためにも、その利益を分配する「決算賞与」を支給することはよくあります。決算直前であれば、利益の予測ができているため、効率的な節税対策になるでしょう。

ただし、原則は、支給が間に合わなかった賞与はその期の損金にすることができません。

例外として、次の3つの要件を満たしていれば「未払賞与」として今期に計上することができます。

1. 決算日までに、賞与を支給する従業員全員に対して、その支給額を個別に通知すること
2. 決算日から1ヶ月以内に支給すること

3. その通知をした期に損金処理すること

従業員への通知や支払の事実については書類を残しておきましょう。

また、通知したのにもかかわらず、支給日までに退職した従業員に支給しなかったといったことがあると、全額が損金算入できなくなります。通知をしたすべての従業員に支給しなければなりませんので注意してください。

参考文献

・『一番よくわかる会社の設立と運営』辻・本郷税理士法人（著）、西東社

・『らくらく株式会社設立&経営のすべてがわかる本』
東京シティ税理士事務所（著）、あさ出版

・『起業から1年目までの会社設立の手続きと法律・税金』
須田邦裕・出澤秀二（著）、日本実業出版社

・『ダンゼン得する　知りたいことがパッとわかる　会社設立のしかたがよくわかる本』
鎌田幸子・北川真貴・山口絵理子・今井多恵子（著）、ソーテック社

・『トコトンわかる株式会社のつくり方』原尚美・吉田秀子・渡邉央（著）、新星出版社

・『小さな会社　社長が知っておきたいお金の実務』
土屋裕昭（監修）、Business Train（著）、実務教育出版

・『起業する前に読んでおきたいお金の本 小さな起業のファイナンス』
原尚美（著）、ソーテック社

・『法人成りの税務と設立手続のすべて』
平野敦士・吉井朋子・久保田潔・マネージメントリファイン（著）、中央経済社

・『自分ですらすらできる小さな会社の設立・税務・社保の手続き一切』
内尾由生弥・中根径・鴫村剛（著）、中経出版

・『はじめて社長になるときに読む本』中村健一郎（著）、株式会社アントレ

・『あの社長は知っている「会社法」のかしこい使い方』佐川明生（著）、アニモ出版

・『初めてでもよくわかる　会社をつくるときのありとあらゆる届出・手続きができる本』
富山さつき（編著）、アニモ出版

辻・本郷税理士法人

平成14年4月設立。東京新宿に本部を置き、青森、八戸、秋田、盛岡、遠野、一関、仙台、新潟、上越、館林、大宮、越谷、川口、柏、吉祥寺、立川、渋谷、横浜、湘南、小田原、伊東、豊橋、名古屋、四日市、京都、大阪、岡山、広島、福岡、大分、沖縄に支部がある。全体のスタッフは720名(関連グループ会社を含む)。医療、税務コンサルティング、相続、事業承継、M&A、企業再生、公益法人、移転価格、国際税務など各税務分野別に専門特化したプロ集団。弁護士、不動産鑑定士、司法書士との連携により顧客の立場に立ったワンストップサービスとあらゆるニーズに応える総合力をもって業務展開している。

〒163-0631　東京都新宿区西新宿1丁目25番1号　新宿センタービル31階
電話　03-5323-3301(代)
FAX　03-5323-3302
URL　http://www.ht-tax.or.jp/

本郷孔洋

国内最大規模を誇る税理士法人の理事長。総勢720名のスタッフを率いる経営者。会計の専門家として会計税務に携わって30余年。各界の経営者・起業家・著名人との交流を持つ。

早稲田大学第一政経学部を卒業後、新聞記者を目指し就職試験に臨むが不合格に終わる。実学を学ぼうと同大学院商学研究科にて会計を学ぶことを決意し、公認会計士となる。

「税務から離れるな、税務にこだわるな」をモットーに、自身の強みである専門知識、執筆力、話術を活かし、税務・経営戦略などの分野で精力的に執筆活動もおこなう。「経営ノート2014」(東峰書房)ほか著書多数。

辻・本郷税理士法人　会社設立センター

スタートアップの法人支援に特化したプロジェクトチーム。年間数百の起業を支援している。税理士はもとより、司法書士、社労士、弁護士とも連携してワンストップで起業家のニーズに応える。全国で展開（青森八戸、盛岡、秋田、仙台、新潟、埼玉、東京、横浜、伊東、名古屋、京都、大阪、岡山、広島、福岡、大分、沖縄）しているため移転予定地での起業や子会社設立等にも柔軟に対応している。

青森・八戸	http://aomori-setsuritsu.net/
盛岡	http://morioka-setsuritsu.net/
秋田	http://akita-setsuritsu.net/
仙台	http://sendai-setsuritsu.net/
新潟	http://joetsu-setsuritsu.net/
埼玉	http://saitama-setsuritsu.net/
東京	http://tokyo-setsuritsu.net/
横浜	http://yokohama-setsuritsu.net/
伊東	http://ito-setsuritsu.net/
名古屋	http://nagoya-setsuritsu.net/
京都	http://kyoto-setsuritsu.net/
大阪	http://osaka-setsuritsu.net/
岡山	http://okayama-setsuritsu.net/
広島	http://hiroshima-setsuritsu.net/
福岡	http://fukuoka-setsuritsu.net/
大分	http://oita-setsuritsu.net/
沖縄	http://okinawa-setsuritsu.net/

税理士が見つけた!
本当は怖い
会社設立～はじめての決算失敗事例55

2014年6月11日　初版第1刷発行

監修	本郷 孔洋
編著	辻・本郷税理士法人 会社設立センター
編集協力	小川 晶子（株式会社さむらいコピーライティング）
発行者	鏡渕　敬
発行所	株式会社 東峰書房
	〒102-0074 東京都千代田区九段南4-2-12
	電話　03-3261-3136　FAX　03-3261-3185
	http://tohoshobo.jp/
装幀・デザイン	小谷中一愛
印刷・製本	㈱シナノパブリッシングプレス

ISBN　978-4-88592-163-6 C0034